TAPAS CON ROCK 'N' ROLL

JORDI CRUZ

—

70 PEQUEÑOS
GRANDES BOCADOS PARA
DISFRUTAR EN CASA

—

Grijalbo

ÍNDICE DE RECETAS

INTRO-DUCCIÓN

Tenemos la suerte de vivir en un país con una gran cultura gastronómica, una variedad de productos de calidad envidiable y una alta cocina de lujo que fusiona talento, esfuerzo y creatividad. Sin embargo, más allá de este esplendor culinario, contamos con un tipo de cocina, la cocina de las tapas, que por ser tan nuestro a menudo no lo valoramos como se merece, pese a que con toda seguridad es el único sector de nuestro universo gastronómico con la capacidad de mostrar al mundo cómo somos y cómo es nuestra sociedad.

La tapa viene de lejos, de mesones y tabernas del medievo, y son varios los relatos que cuentan el origen de combinar unos sorbos de vino con algo para acompañar el trago. De esa costumbre antigua nace una nueva manera de entender lo que en la actualidad llamamos aperitivo, y de esta forma de empezar una comida nacen muchos restaurantes que hoy en día dedican todos sus esfuerzos a servir tapas como única y exclusiva oferta. La cocina del tapeo está pensada para llegar a todo el mundo, y este objetivo puede entenderse de dos maneras: la primera es social, pues pocas cocinas tienen tanta capacidad de promover el acto de compartir y a la vez de hacerlo de forma distendida; la segunda es global, y obedece a que nuestra gran cocina lo tiene muy complicado para salir de nuestras fronteras y darse a conocer en todo el planeta como lo hacen otras, la italiana o la japonesa, por ejemplo, y esto es así por muchos motivos. La gran cocina de la creatividad que nos ha convertido en un referente mundial solo se puede degustar en el «taller» de cada maestro, y nuestra gran cocina tradicional, muy local y dependiente de los productos de proximidad, tampoco es fácil de exportar con garantías. La mejor baza que tenemos, la que sí se puede reproducir en cualquier lugar del mundo de forma sencilla y atractiva y que fascine a todos es, sin duda, la cocina de las tapas.

Hoy por hoy los restaurantes de tapas siguen evolucionando: algunos pretenden dignificar un poco más si cabe la tapa y llaman a sus locales «gastrobares», en otros, casas repletas de lujo y estrellas, los cocineros alargan sus menús con pequeños bocados llamados snacks que no dejan de ser en cierto sentido tapas de alta gastronomía. La imaginación y las ganas de reinventarnos cada día son unas virtudes que jamás debemos perder, como tampoco podemos prescindir de esos increíbles y modestos mesones, bares o tabernas que, con humanidad y sencillez, nos ayudan a vivir grandes momentos de ocio y disfrute.

Seguramente el Ten's, nuestro pequeño restaurante de tapas, surgió de la suma de todas estas reflexiones, así que tiene la voluntad de ennoblecer la tapa sin perder de vista sus humildes orígenes y sin pretender otra cosa que no sea hacer disfrutar a nuestros comensales. Elaboramos las tapas de siempre intentando aportarles singularidad, y otras nuevas que pretenden sorprender y divertir a nuestros clientes.

El libro que tienes en tus manos recoge las mejores recetas que preparamos en nuestro local de tapas, recetas que se basan en la tradición y se cocinan con corazón y mucho cariño. Nuestra cocina se puede interpretar de mil maneras y sin duda estas páginas te ayudarán a hacer en casa pequeños grandes platos llenos de sabor, complicidad y magia.

PLATOS
PARA
COMPARTIR

PATATAS BRAVAS
con alioli espumoso y sofrito picante

PARA
10 RACIONES

EL SOFRITO PICANTE

1 kg de tomates maduros
500 g de cebollas de Figueres
15 g de ajo crudo
2 ñoras remojadas en agua templada y despepitadas
2 pimientos de Cayena
2 g de pimentón de la Vera dulce
3 g de pimentón de la Vera picante
10 g de salsa Perrins
sal
azúcar
pimienta negra

Lavamos los tomates y los ponemos en el horno a vapor a 100 °C durante unos 2 minutos. Los retiramos, los pelamos y los despepitamos, reservando las pepitas en un chino para recoger el agua. En una cazuela amplia, calentamos 3 cucharadas de aceite de oliva y doramos los ajos a temperatura media. Agregamos la cebolla previamente cortada muy menuda y la doramos también, dejando que se pegue un poco a la base de la cazuela. Después desglasamos la cazuela con un poco de agua. Repetimos esta operación hasta que la cebolla adquiera un color dorado y uniforme. Hacemos un hueco en el centro de la cazuela retirando la cebolla a los laterales y añadimos un poco de aceite para sofreír las ñoras. Una vez hayan tomado un poco de color, incorporamos las guindillas rotas y el pimentón. Rehogamos rápidamente sin dejar que se queme el pimentón y mojamos el conjunto con el agua de las pepitas de tomate. Dejamos evaporar el líquido y agregamos los tomates. Cocemos el sofrito durante 2 horas a fuego mínimo hasta que tenga un color rojizo oscuro y una textura densa. Agregamos el azúcar, la sal, la pimienta negra y la salsa Perrins. Una vez sazonado, lo dejamos un par de minutos más en el fuego, lo pasamos por el pasapurés y lo reservamos.

LAS PATATAS

1 kg de patatas agrias medianas
150 ml de aceite oliva suave
10 g de sal fina

Lavamos las patatas y las cortamos en cuñas regulares de unos 5 cm de largo y las vamos sumergiendo en agua fría. Las ponemos en bolsas grandes de cocción y las envasamos con el aceite de oliva suave y la sal fina. Las cocemos en el horno a vapor a 100 °C durante 30 minutos. Las dejamos enfriar a temperatura ambiente.

EL ALIOLI ESPUMOSO

5 dientes de ajo blanqueados 3 veces
partiendo de agua fría
1 diente de ajo crudo sin el germen interno
9 g de sal
45 g de yema
125 g de huevo
600 ml de aceite de oliva suave
150 ml de aceite de girasol
1 g de agar-agar
50 ml de leche entera

Trituramos en el robot de cocina el huevo, la yema, los ajos y la sal hasta obtener una crema. Añadimos el aceite y trabajamos la mezcla hasta formar una emulsión. Agregamos el agar-agar previamente disuelto en la leche (los mezclamos en frío y hacemos hervir la leche por espacio de 1 minuto a temperatura suave; la dejamos enfriar un poco antes de incorporarla al robot de cocina). Probamos la sazón y pasamos la preparación por un colador fino. La introducimos en un sifón para espumas con dos cargas de gas y la reservamos en la nevera.

EL ACEITE PICANTE

120 ml de aceite de oliva suave
2,4 g de pimienta de Cayena
2,4 g de pimienta negra en grano
1,5 g de pimentón de la Vera dulce
0,7 g de pimentón de la Vera picante

Trituramos todos los ingredientes y envasamos el líquido en una bolsa de cocción. La sumergimos en un baño de agua a una temperatura controlada de 65 °C durante 24 horas. Dejamos enfriar el aceite y lo reservamos. Esta operación la podemos hacer sin cocción, dejando marinar los ingredientes en un recipiente hermético o bolsa de vacío durante varios días.

MONTAJE
aceite de girasol para freír

Colocamos el sifón con el alioli espumoso en un baño de agua a 55 °C durante ½ hora antes de terminar la receta. Calentamos aceite de girasol a 180 °C y freímos las patatas hasta que estén doradas por fuera y muy tiernas por dentro. Terminada la fritura, escurrimos bien las patatas, las colocamos sobre un papel de cocina absorbente para retirar el exceso de grasa y las sazonamos con un poco de sal. Disponemos las patatas en la base del plato como si fueran los pétalos de una flor, ponemos una buena cucharada de salsa brava templada en forma de círculo en el centro y, encima, el alioli espumoso. Terminamos el montaje con un hilo de aceite picante.

NUESTRO PAN CON TOMATE

PARA
UNA COCA

LA BIGA (PREFERMENTO, O MASA MADRE, PARA EL PAN DE COCA)

1 kg de harina de fuerza
400 ml de agua mineral
12 g de levadura prensada de panadería

Ponemos la harina tamizada, es decir, pasada por un colador fino, en un bol. Añadimos poco a poco el agua, de la cual reservamos 50 ml. Trabajamos la masa hasta incorporar toda el agua. Disolvemos la levadura en los 50 ml de agua reservada y agregamos la mezcla a la masa. Pasamos la masa a una superficie ligeramente enharinada y la trabajamos de nuevo con las manos, dándole pequeños golpes y plegándola sobre sí misma para introducirle el máximo de aire posible. Después de cinco minutos de amasado a mano, formamos una bola y la colocamos en un bol cuya capacidad triplique el volumen de la masa. Tapamos la masa con un paño limpio y seco y la dejamos fermentar de 10 a 12 horas a una temperatura de entre 21 y 25 °C.

EL PAN DE COCA

Biga (elaboración anterior)
250 ml de agua mineral
20 g de sal
10 g de jarabe de extracto de malta

Amasamos la biga con el resto de los ingredientes. Dejamos reposar la masa obtenida entre una hora y media y 2 horas antes de formar las cocas. Terminado el reposo, cortamos la masa en tres o cuatro porciones y las estiramos encima de una placa formando cocas. Es más recomendable estirar y trabajar la masa con los dedos que con un rodillo. Esperamos a que las cocas fermenten durante 25 minutos a temperatura ambiente y a continuación las horneamos a 240 °C durante 15 minutos. Las dejamos enfriar a temperatura ambiente.

EL PAN CON TOMATE

1 coca de pan
tomates de colgar
aceite de oliva arbequina
sal

Abrimos la coca de pan por la mitad con un cuchillo de sierra. Cortamos trozos de coca de 5 cm y los tostamos ligeramente en un gratinador. El tostado, que será muy leve, nos servirá para «rascar» mejor el tomate y darle una textura todavía más crujiente a la corteza de la coca. Abrimos los tomates de colgar y frotamos la superficie de las rebanadas con las mitades de tomate hasta que de ellas solo quede la piel, sin nada de carne. Normalmente los tomates de colgar tienen el tamaño de una mandarina, y cada uno nos servirá para untar 5 o 6 trozos de pan. Aliñamos cada rebanada de pan con un hilo de buen aceite de arbequina y una pizca de sal. Podemos utilizar sal en escamas y, según lo que acompañe el pan, añadir una pizca de pimienta negra.

PESCADITO FRITO

PARA 10 RACIONES

LA FRITURA DE PESCADO

500 g de pescado de fritura tipo saltón o sonso
harina de panificación (para pan tipo chapata)
fibra soluble derivada del trigo Trisol
1 litro de agua mineral
80 g de sal

Mezclamos 2 partes de harina de panificación con 1 parte de Trisol y reservamos la mezcla hasta el momento de usarla. Disolvemos la sal en el agua, removiendo bien hasta que esté diluida por completo. Sumergimos el pescado en el agua salada durante un par de minutos y lo escurrimos bien. Cuando tengamos el pescado perfectamente escurrido, lo pasamos por la mezcla de harina y le retiramos el exceso con la ayuda de un colador. Freímos el pescado en abundante aceite de girasol a 180 °C lo justo para que se dore y quede crujiente, pero sin que se seque por dentro: en cuanto el hervor del aceite se detenga, retiramos el pescado de la cocción y escurrimos el exceso de grasa en papel absorbente. Lo servimos sin demora.

POLVO DE PICADA

100 g de avellanas tostadas peladas
100 g de almendras tostadas peladas
2 dientes de ajo pelados
5 g de hojas de perejil
20 g de tomate liofilizado o en polvo
30 g de migas de pan crujientes (*véase pág. 90, huevo a baja temperatura*)
aceite suave 0,4 °
sal fina

Rallamos con un rallador muy fino las avellanas y las almendras. Picamos el ajo muy fino y lo freímos en aceite de oliva a unos 170 °C hasta que esté bien dorado y crujiente, con mucho cuidado de que no se nos queme, pues daría un sabor amargo. Escurrimos el exceso de aceite en un trozo de papel absorbente. Picamos las hojas de perejil y las deshidratamos en una mesa caliente o en el horno a unos 50 °C. Mezclamos todas las elaboraciones secas, incluido el tomate en polvo y las migas de pan. Comprobamos que el sabor sea equilibrado y reservamos la mezcla de la humedad en un recipiente hermético.

MONTAJE

Este plato lo servimos en pequeños conos de cartón, en raciones de entre 40 y 60 g por persona. Antes de introducir el pescadito recién frito en ellos, espolvoreamos ligeramente los conos con el polvo de picada. Podemos servir aparte un alioli tradicional ligero montado con mortero.

FRITURA DE CAZÓN
con mayonesa espumosa de adobo

PARA
12 TAPAS

EL ADOBO

20 g de ajo fresco

5 g de hojas de perejil

5 g de orégano seco

3 g de comino en polvo

3 g de pimentón de la Vera dulce

4 g de pimienta negra

150 g de ñoras

50 ml de zumo de limón

12 g de base comercial para kimchi

50 ml de vinagre de Jerez

Hidratamos las ñoras en agua fría durante ½ hora y les retiramos las semillas. Trituramos todos los ingredientes en un robot de cocina hasta obtener una pasta. Pasamos la pasta por un colador y reservamos este adobo. Reservamos también el resto que haya quedado en el colador.

EL POLVO DE ADOBO

Estiramos la pasta sobrante de colar el adobo con la ayuda de un rodillo de cocina entre papeles sulfurizados, de modo que quede una lámina fina. Ponemos la lámina en un armario caliente hasta que esté bien seca. La retiramos de los papeles y la trituramos hasta obtener un polvo. Reservamos el polvo en un recipiente hermético.

LA ESPUMA DE ADOBO

5 dientes de ajo blanqueados 3 veces partiendo de agua fría

1 diente de ajo crudo sin el germen interno

170 g de adobo

9 g de sal

45 g de yema pasteurizada

125 g de huevo pasteurizado

600 ml de aceite de oliva suave

150 ml de aceite de girasol

1 g de agar-agar

50 ml de leche entera

Trituramos en el robot de cocina el huevo, la yema, los ajos y la sal hasta obtener una crema. Añadimos el aceite y trabajamos la mezcla hasta formar una emulsión. Agregamos el adobo y el agar-agar previamente disuelto en la leche (lo incorporamos a la leche fría y lo hervimos durante 1 minuto a temperatura suave; dejamos enfriar un poco la leche antes de agregarla al robot de cocina). Probamos la sazón y pasamos la preparación por un colador fino. La introducimos en un sifón para espumas con dos cargas de gas y guardamos el sifón en la nevera.

EL PESCADO FRITO

1 lomo de cazón de 800 g

adobo

Cortamos el lomo en dados regulares de 15 g. Adobamos los dados de cazón con 170 g de adobo por kilo de pescado. Los dejamos marinar un mínimo de 30 minutos antes de terminar la receta.

MONTAJE

huevo entero pasteurizado
harina para fritura
aceite de girasol para freír
brotes de acelga roja y mostaza

Pasamos el cazón adobado por huevo y harina y lo freímos en un baño de aceite a entre 180 y 200 °C hasta que esté dorado y crujiente pero jugoso por dentro. Colocamos las raciones de cazón en platos de forma circular dejando el centro vacío. Rellenamos ese vacío con la espuma de adobo previamente atemperada en un baño de agua a 50 °C durante ½ hora. Espolvoreamos un poco de polvo de adobo por todo el plato y decoramos el conjunto con hojitas de mostaza y acelga roja.

LOMO DE ATÚN Y SANDÍA MARINADOS

con ponzu, nori y kumquat

PARA
6–8 TAPAS

EL ATÚN Y LA SANDÍA

100 g de lomo de atún
100 g de ventresca de atún
300 g de sandía sin pepitas

Limpiamos las carnes de atún y hacemos cubos lo más perfectos que podamos de 1,5 cm de lado. Pelamos la sandía y también la cortamos en cubos de 1,5 cm. Necesitamos que los cortes de todos los ingredientes sean lo más parecidos posible.

LA BASE DE SOJA LIGERA

200 ml de salsa de soja baja en sal
20 ml de sake
20 ml de agua
30 ml de mirin (vinagre de arroz japonés)

Mezclamos todos los ingredientes, los llevamos a ebullición y los dejamos enfriar.

EL PONZU

200 ml de base de soja ligera
60 ml de zumo de yuzu

Mezclamos en frío todos los ingredientes con la ayuda de un túrmix. Esta preparación se puede guardar 1 o 2 días como máximo.

LA SALSA DE SOJA Y DE PONZU TEXTURIZADAS

225 ml de salsa de soja normal
225 ml de ponzu
2 g de goma xantana

Mezclamos la salsa de soja en el vaso del túrmix con 1 g de goma xantana. Sumergimos el túrmix en la salsa y lo giramos ligeramente para liberar el aire contenido en el cabezal. Trabajamos la mezcla con el túrmix a velocidad moderada primero, hasta que la preparación adquiera densidad y la xantana esté perfectamente integrada. Es importante no introducir aire con el túrmix. Si eso sucede, podemos extraerlo con una máquina de vacío o dejar reposar la mezcla unas horas en el frigorífico para que el aire salga por sí solo. Realizamos la misma operación con el ponzu y la goma xantana restante. Reservamos las dos preparaciones en dos boles para facilitar el «gaseado» del atún y la sandía.

MONTAJE

2 kumquats
alga nori seca cortada en juliana muy fina
20 g de arroz inflado

Bañamos dos cubos de lomo atún, uno en la salsa de soja texturizada y el otro en la salsa ponzu texturizada, hasta que estén los dos bien cubiertos con su salsa. Repetimos la misma operación con la ventresca de atún y con la sandía. En un plato llano, formamos una tira de cubos, intercalando la sandía, el lomo y la ventresca de atún. Decoramos el conjunto con cáscara en juliana de kumquat, arroz inflado y alga nori en juliana fina.

LAGARTO Y RABITO IBÉRICOS A LA BRASA,

puré de garbanzos a la vainilla

PARA
6 MEDIAS
RACIONES

EL LAGARTO IBÉRICO

600 g de lagarto ibérico de bellota
1 kg de sal
600 g de azúcar
30 g de pimentón dulce
romero
tomillo
ajo

Mezclamos la sal, el azúcar y el pimentón. Colocamos la carne en una fuente y la cubrimos con la mezcla. Dejamos «curar» la carne 2 horas. A continuación, lavamos el lagarto con agua y lo escurrimos bien. Lo envasamos al vacío con romero, tomillo y los ajos pelados. Cocemos la carne en un baño de agua a una temperatura controlada de 64° durante 24 horas. Una vez cocida, la dividimos en raciones de 100 g cada una, cortándola en trozos de 3 cm. Justo cuando vayamos a terminar la receta, doramos el lagarto en una brasa con carbón de encina.

EL RABITO IBÉRICO

1 kg de rabito de cerdo ibérico
sal
pimienta

Quemamos los pelos de los rabitos con un soplete. Envasamos los rabitos al vacío y los cocemos en el horno a vapor a 92 °C durante 10 horas. Terminada la cocción, sacamos los rabitos de la bolsa y los deshuesamos. En el momento de terminar el plato, los doramos suavemente por el lado de la piel en una plancha con un peso encima hasta que la piel esté muy dorada y crujiente. Los salpimentamos y los cortamos en triángulos pequeños de 2 cm.

EL JUGO DE CERDO AHUMADO

1 espinazo de cerdo
500 g recortes de cerdo con muy poca grasa
6-8 litros de agua
2 zanahorias medianas
2 cebolletas
1 cebolla
1 blanco de puerro
1 ramita pequeña de apio
1 cabeza de ajos
200 ml de vino de Oporto
100 ml de coñac o brandy
sal
pimienta

Cortamos el espinazo por la junta de los huesos. Desangramos los huesos y recortes de carne durante 5 minutos en agua helada. Escurrimos las carnes perfectamente y las colocamos en una fuente donde queden amplias. Las asamos con un poco de aceite hasta que queden bien tostadas. Limpiamos y pelamos todas las verduras, las cortamos menudas y las rehogamos con un poco de aceite hasta que tomen un ligero tono dorado. Añadimos las verduras y las hierbas aromáticas a la fuente de la carne y asamos el conjunto 5 minutos más. Desglasamos la fuente con el vino y el licor y lo pasamos todo a una olla con el agua. Cocemos el caldo de 3 a 4 horas a fuego suave y lo pasamos por un colador fino. Reducimos el caldo obtenido con una nuez de mantequilla a la textura deseada.

Ponemos el jugo en una fuente amplia y la colocamos en la barbacoa a una altura de como mínimo 50 cm, con otra fuente cruzada encima. Esta segunda fuente tiene la función de mantener el humo en contacto con la salsa para que se ahúme. Encendemos una pequeña cantidad de carbón de encina y le vamos añadiendo brotes de romero y pino con la finalidad de generar humo. Dejamos que la salsa se impregne de humo durante 1 hora como mínimo.

EL PURÉ DE GARBANZOS A LA VAINILLA

500 g de garbanzos
2 dientes de ajo
200 ml de agua mineral
50 g de mantequilla
30 ml de aceite de oliva
1 cebolla
1 vaina de vainilla
sal
pimienta negra

Remojamos los garbanzos en agua tibia durante 12 horas. Los colamos, los lavamos y los cocemos en una olla hasta que estén muy tiernos. Pochamos en el aceite y la mantequilla el ajo y la cebolla, todo picado bien fino. Cuando tengamos las hortalizas bien pochadas, agregamos los garbanzos y la vainilla y salteamos el conjunto ligeramente. Añadimos 300 ml del agua de cocción de los garbanzos y agregamos un poco de mantequilla si fuese necesario. Reducimos el líquido hasta que apenas cubra los garbanzos. Retiramos la vaina de vainilla y pasamos el resto de la preparación por un robot de cocina, hasta darle una textura muy cremosa parecida a la del hummus. Sazonamos el puré con sal, pimienta negra, mantequilla y aceite si fuese necesario.

MONTAJE

brotes picantes de rúcula

En unos platos llanos, colocamos una ración de lagarto ibérico en cada uno. Glaseamos ligeramente con el fondo de cerdo ahumado y añadimos los triángulos crujientes de rabito ibérico. Para terminar, ponemos unos brotes picantes y servimos el puré de garbanzos en cuencos pequeños para que nuestros comensales puedan untar en él los cortes de carne.

NAVAJAS AL VAPOR DE PIMIENTAS CON JUGO

de lichi asado, flores de begonia, brotes de mizuna y rabanitos salteados

PARA
4 RACIONES
MEDIANAS

LAS NAVAJAS AL VAPOR

12 navajas pequeñas de Sant Carles de la Ràpita
1 litro de agua
80 g de sal
0,5 g de pimienta negra recién molida

Mezclamos el agua y la sal hasta que esta última esté bien disuelta. Sumergimos las navajas en el agua y dejamos que se depuren de 10 a 15 minutos. Sacamos las navajas de la salmuera y escurrimos el exceso de agua que puedan tener. Las introducimos en una bolsa de vacío y las cocinamos dentro de un baño de agua a 65 °C, controlando la temperatura, durante 4 minutos. Terminada la cocción, retiramos las navajas de la bolsa y las separamos de las conchas. Conservamos todas las partes blancas cortadas en segmentos de 2 cm para el plato; la parte más oscura y sabrosa la reservamos para el jugo.

EL JUGO DE LICHI ASADO

150 g de lichis en conserva escurridos
intestinos de las navajas
20 g de mantequilla
45 ml de salsa de soja fermentada
400 ml de agua mineral
1 tallo de citronela
15 g de jengibre picado
una pizca de sal y pimienta

Salteamos los lichis con la mantequilla hasta que tomen un bonito tono dorado. Antes de retirarlos de la sartén, salteamos también los intestinos de las navajas durante unos segundos. Introducimos todos los ingredientes en una bolsa de vacío y los escaldamos primero 3 segundos en agua hirviendo para después retractilar la bolsa en agua helada. Sumergimos la bolsa en un baño de agua a una temperatura controlada de 70 °C y dejamos que se haga una infusión durante 2 horas como mínimo. Terminada la cocción, pasamos el contenido de la bolsa por una estameña o colador muy fino y reservamos el líquido.

LOS RABANITOS Y LICHIS SALTEADOS

6 rabanitos
2 lichis
1 c/c de mantequilla en flor
una pizca de sal y pimienta

Limpiamos los lichis y los cortamos en cuartos. Hacemos lo mismo con los rabanitos, pero además les retiramos con la ayuda de un cuchillo pequeño las partes más duras del interior. Calentamos una sartén a fuego medio y lo salteamos todo con la mantequilla hasta que todo se dore ligeramente. Lo sazonamos con sal y pimienta y lo servimos enseguida.

MONTAJE

8 flores de begonia
4 brotes de mizuna
8 puntas de ramallo de mar
4 c/c de aceite de oliva arbequina y oliva koroneiki

Colocamos en el plato las diferentes partes de las navajas tibias y repartimos sobre ellas cuartos de rabanitos y lichis asados. Decoramos el conjunto con brotes de mizuna y las puntas de ramallo. Para terminar, lo aliñamos con unas cucharadas de jugo de lichi asado y un buen hilo de aceite de oliva.

ALITAS ASADAS CON LANGOSTINO

o cigalitas al ajo y perejil

PARA
8 MEDIAS
RACIONES

EL CALDO DE POLLO ASADO

1,5 kg de carcasas y huesos de pollo
2 litros de agua mineral
200 ml de vino de Oporto
100 ml de coñac o brandy
2 cebolletas
1 cebolla
1 ramita de apio
½ blanco de puerro
5 dientes de ajo morado
1 hoja de laurel
1 ramita de tomillo
sal
pimienta

Cortamos las carcasas y los huesos en pedazos regulares y los desangramos en agua muy fría 5 minutos. Los colocamos en una fuente amplia para asar. Los cocemos a 180 °C hasta que las carcasas queden bien asadas. Hacemos una bresa con las verduras peladas y la salteamos en una sartén con aceite hasta que tome color. Cuando los huesos estén bien tostados, añadimos las verduras salteadas a la fuente y seguimos asando unos minutos más. Desglasamos la fuente con el vino y el licor y rectificamos. Pasamos el conjunto a una olla con el agua. Cocemos el caldo un par de horas a fuego moderado y lo filtramos pasándolo por un chino.

LAS ALITAS DE POLLO

24 segundas falanges de alitas de pollo
aceite
sal
pimienta

Quemamos las alitas con el soplete para retirar posibles restos de plumas. Salpimentamos las alitas las ponemos en bolsas de vacío con un hilo de aceite. Las cocemos en un baño de agua a una temperatura controlada de 64 °C durante 24 horas. Terminada la cocción, abrimos las bolsas y deshuesamos con cuidado las alitas. Las dejamos atemperar y las envasamos de nuevo al vacío. Metemos la bolsa en agua helada y la reservamos un par de horas en la nevera. Esta operación la hacemos para mantener la forma de la alita una vez deshuesada. Si no vamos a utilizarlas inmediatamente, esterilizamos las alitas de nuevo en el baño de agua caliente durante unos minutos y volvemos a enfriarlas en agua helada.

LA SALSA DE BARBACOA JAPONESA

400 ml de salsa para yakiniku
600 ml de caldo de pollo asado (elaboración anterior)
150 ml de salsa HP
150 ml de glucosa líquida
10 g de salsa de soja
25 g de sésamo blanco
25 g de sésamo negro
2,5 g de goma xantana

Ponemos todos los ingredientes en un vaso alto, los trabajamos bien con el túrmix y pasamos la mezcla por un colador fino. Colocamos la salsa en un cazo y la cocemos unos minutos a fuego medio hasta que adquiera una textura de salsa untuosa.

EL ACEITE DE AJO, PEREJIL Y KUMQUAT

3 dientes de ajo
1 manojo de perejil
400 ml de aceite
la cáscara de 2 kumquats

Picamos los ajos y los doramos en un par de cucharadas de aceite. Los dejamos enfriar. Deshojamos el manojo de perejil y trituramos las hojas junto al resto de los ingredientes, con la ayuda de un túrmix. Reservamos la mezcla.

LOS LANGOSTINOS O CIGALITAS

16 langostinos de tamaño mediano o cigalitas pequeñas
500 ml de agua mineral
40 g de sal marina
aceite de oliva

Pelamos el marisco y reservamos las cáscaras y las cabezas para fondos u otras elaboraciones. Disolvemos por completo la sal en el agua. Sumergimos las colas de las cigalitas o langostinos en el agua salada durante 2 minutos. Las escurrimos bien y, justo antes de terminar la receta, las salteamos rápidamente en una sartén a fuego vivo con un hilo de aceite. La cocción será rápida y a fuego intenso, para dorar las colitas por fuera pero dejándolas un poco crudas y jugosas en el centro. Las servimos enseguida.

LAS PEQUEÑAS ENSALADAS FRESCAS

nervaduras o centros de lechuga larga
zanahorias de colores
pepino
cilantro fresco
menta
una pizca de chile piquín
vinagreta simple
lima

Cortamos los centros duros de la lechuga. Pelamos el pepino y retiramos las semillas con la ayuda de una cucharilla. Limpiamos y pelamos las zanahorias de colores. Con una mandolina, cortamos láminas muy finas de lechuga, zanahoria y pepino. Picamos el cilantro y la menta. Lo mezclamos todo en un bol y lo aliñamos con la vinagreta, unas gotas de zumo de lima y el chile. Servimos la ensalada rápidamente bien fría.

MONTAJE

Doramos las alitas de pollo en una barbacoa o a la plancha y las glaseamos con la salsa barbacoa. Colocamos en el plato tres alitas por persona y dos colitas de langostino o cigala salteadas. Aliñamos el conjunto con el aceite de ajo, perejil y kumquat y terminamos el montaje con unos brotes de daikon y shiso morado. Acompañamos el plato con la ensalada fresca muy fría servida en pequeños boles individuales.

ACEITUNAS RELLENAS DE CÍTRICOS,

aceite de oliva y salsa ponzu

PARA
8 TAPAS

LA SALA PONZU TEXTURIZADA

150 ml de salsa de soja baja en sal
15 g de sake
15 g de agua
20 g de mirin (vinagre de arroz japonés)
60 ml de zumo de yuzu
1 g de goma xantana

Mezclamos en frío todos los ingredientes con la ayuda de un túrmix hasta que la xantana esté bien integrada. Colamos la mezcla y la conservamos en la nevera. Esta elaboración se puede guardar uno o dos días como máximo.

LAS ACEITUNAS CON PONZU

24 aceitunas gordal sin hueso
salsa ponzu
lima

Introducimos la salsa ponzu en un dosificador de salsas (biberón) y rellenamos las aceitunas. Rallamos un poco de cáscara de lima encima de cada aceituna, utilizando un rallador muy fino y sin llegar a la parte blanca. Colocamos las aceitunas en hueveras para huevos de codorniz de forma desordenada.

LAS ACEITUNAS A LA NARANJA

1 naranja
24 aceitunas gordal sin hueso
tomillo limonero fresco
aceite de oliva arbequina
nitrógeno líquido

Separamos los gajos de la naranja y les retiramos todas las pieles, dejando la pulpa limpia por completo. Pasamos los gajos pelados a un bol y les añadimos el nitrógeno líquido. Cuando estén perfectamente congelados, los escurrimos con cuidado y los colocamos entre papeles de cocina. Les damos unos golpes con un rodillo para deshacerlos y convertirlos en pulpa de naranja deshilachada. Dejamos descongelar la pulpa de naranja y rellenamos con mucho cuidado las aceitunas, procurando no romper las hebras de naranja para que estas no pierdan el jugo. Por último, aliñamos las aceitunas con aceite de oliva y acabamos con un pequeño brote de tomillo limonero. Colocamos las aceitunas en la huevera, rellenando los espacios sobrantes y las reservamos en la nevera hasta el momento de servirlas.

PULPO COCIDO CON PIMENTÓN DE LA VERA

y patatas con aceite de arbequina

PARA
10 PERSONAS

EL PULPO

1 pulpo gallego de primera calidad de 4 o 5 kg

500 ml de aceite de oliva

8 g de pimentón de la Vera dulce

1 g de pimentón de la Vera picante

sal

Limpiamos el pulpo con agua fría, sobre todo el interior de las ventosas, que es donde se acumula la arena. Llevamos una olla con agua a ebullición y «asustamos» el pulpo tres veces, sumergiéndolo en el agua hirviendo y sacándolo de inmediato. Colocamos el pulpo en una fuente de horno con agujeros. Lo cocemos en el horno a vapor a 100 °C durante 50 minutos. Terminada la cocción al vapor, sin abrir la puerta del horno, lo dejamos reposar diez minutos más. Tras comprobar que esté bien tierno, lo dejamos enfriar a temperatura ambiente cubierto con film transparente para que la piel no se seque. Marcamos los tentáculos fríos en una sartén con aceite hasta que tomen un color ligeramente dorado (este procedimiento no debe llevar más de 2 o 3 minutos, ya que de lo contrario la carne del pulpo se secaría). Dividimos el pulpo en raciones de 80 gramos. Envasamos cada ración con aceite mezclado con los dos pimentones y las reservamos. Si al cocinar el pulpo en el horno colocamos debajo de la fuente con agujeros un recipiente, podremos recuperar un agua que puede servir para muchas elaboraciones, por ejemplo, un arroz.

LAS PATATAS COCIDAS Y ALIÑADAS

500 g de patatas agrias
sal
aceite de oliva arbequina virgen extra

Pelamos las patatas y las cortamos en cubos de 1 cm, poniéndolas en agua fría para que no se oxiden. Envasamos las patatas con un poco de aceite y sal. Las cocemos en el horno a vapor a 100 °C durante unos 40 minutos. Comprobamos que estén tiernas y las enfriamos en agua con hielo. En el momento de utilizarlas, las calentamos en el horno a vapor y las pasamos por el pasapurés, al tiempo que rectificamos el punto de sal y agregamos aceite de oliva. Servimos el puré sin demora. Esta operación puede hacerse directamente con patata cocida, pero en el restaurante este sistema nos da muy buenos resultados.

MONTAJE

pimentón de la Vera dulce
pimentón de la Vera picante

Calentamos en el horno a vapor a 85 °C el pulpo y el puré de patata unos 7 minutos. Colocamos la patata ya rectificada de sal y aceite en la base del plato, repartimos el pulpo encima cortado en trozos del tamaño deseado, pero que cubran las patatas. Espolvoreamos ligeramente el plato con una mezcla de pimentones de la Vera (4 partes de dulce por 1 parte de picante), un poco de sal en escamas y aceite de oliva arbequina. Cubrir el plato con una campana de cristal e introducir debajo, en el momento de servir, una buena cantidad de humo de madera de haya con una pipa especial de ahumar. Esta operación la realizamos siguiendo las instrucciones del fabricante y solo con maderas aptas para usos alimentarios. Servimos el plato rápidamente.

STEAK TARTAR

con helado de mostaza y encurtidos

PARA
8 RACIONES

EL STEAK TARTAR

120 g de solomillo de ternera

4 g de sal

2 g de vinagre de Módena muy viejo

8 g de aceite de oliva arbequina

15 g de yema de huevo

15 g de chalota o cebolleta picada

15 g de pepinillo picado

8 g de alcaparra picada

6 vueltas de pimienta

Cortamos láminas muy finas de solomillo de ternera con la ayuda de un cuchillo bien afilado. Superponemos las láminas y terminamos de picar la carne lo más fina posible sin machacarla. Colocamos la carne en un bol y la condimentamos con el resto de los ingredientes.

LA SALSA DE YEMA

5 huevos

1 c/s de aceite de oliva arbequina

sal

pimienta negra

Separamos las yemas de las claras. Envasamos al vacío las yemas en una bolsa de cocción y las cocemos en un baño de agua a una temperatura controlada de 62 °C durante 20 minutos. Enfriamos la bolsa en agua con hielo. Antes de servir el plato, aliñamos la yema con un poco de sal y pimienta y la emulsionamos con el aceite de oliva arbequina.

EL SORBETE DE MANZANA

450 g de manzana granny smith pelada
y descorazonada
15 g de zumo de limón
120 ml de almíbar TPT (hecho con partes iguales
de agua y azúcar)
35 g de mostaza a las finas hierbas Maille
30 ml de agua mineral
5 g de estabilizante para sorbetes

Cortamos la manzana en trozos y la ponemos en el vaso de un robot triturador. Añadimos el zumo de limón, el almíbar y la mostaza. Trituramos el conjunto hasta que esté lo más fino posible y lo pasamos por un colador. Disolvemos el estabilizante en el agua a unos 40 °C. Lo dejamos enfriar y lo agregamos a la preparación anterior. Pasamos la mezcla por la máquina de hacer helados y la reservamos.

MONTAJE

láminas de pan crujientes tipo *pane carasau*
migas de pan frito

Calentamos rectángulos de *pane carasau* para poder darles forma de taco mexicano. Rellenamos el taco con una porción de steak tartar recién aliñado y lo decoramos con unos brotes frescos. Colocamos el sorbete al lado de nuestro taco con un poco de miga de pan frito debajo para que no se mueva y con salsa en polvo Tajín.

MANTEQUILLA DE FOIE GRAS,

pan de cristal tostado y sal de vainilla

PARA
6 PERSONAS

EL AGUA DE MIEL

50 g de miel de romero
150 ml de agua

Colocamos la miel en un cazo y, a fuego moderado, dejamos que se transforme en un caramelo dorado. Conviene trabajar con mucho cuidado porque la miel puede quemarse con facilidad, pero si no está caramelizada, no obtendremos un buen resultado. Añadimos el agua y la hacemos cocer el tiempo justo para que la miel se disuelva.

LA MANTEQUILLA DE FOIE GRAS

100 g de foie fresco de pato o de oca
30 ml de agua de miel
20 g de Pedro Ximénez (previamente calentado para evaporar el alcohol)
6 g de sal

Preparamos una salmuera con 30 g de sal por litro de agua. Introducimos el hígado dentro y lo dejamos unos 30 minutos. Retiramos el hígado de la salmuera y lo dejamos sobre un papel de cocina para que este absorba el exceso de agua.

Hervimos todos los líquidos.

Cortamos el hígado en tacos y lo trituramos en un robot de cocina con un poco del líquido, sal y pimienta, hasta obtener una crema con la textura de la mantequilla pomada. Añadimos el líquido que sea necesario para lograr la textura deseada. Pasamos la crema por un colador fino para retirar las venas y pedazos que no hayan quedado bien triturados. Si la mantequilla de foie se corta, lo único que tenemos que hacer es aplicarle un ligero calor o un poco de frío y trabajarla con unas varillas como si montásemos nata. El foie se esteriliza con la temperatura del caldo, pero si no nos apetece tomar foie fresco preparado de este modo, podemos utilizar una buena terrina de foie gras comercial.

LA SAL A LA VAINILLA

200 g de sal en escamas
2 vainas de vainilla de buena calidad

Abrimos las vainas de vainilla por la mitad y retiramos las semillas con la ayuda de un cuchillo. Colocamos las semillas y las vainas en un tarro de cristal y añadimos la sal en escamas. Cerramos el tarro y damos un par de vueltas completas al tarro suavemente. La sal no debe trabajarse porque se rompería, pero de este modo las semillas se irán repartiendo solas por la sal, que mejorará al pasar los días.

MONTAJE

rebanadas fritas de pan de cristal tostadas

Colocamos la mantequilla de foie en una mantequillera o un bol pequeño. Aparte, servimos tostadas de pan de cristal o coca muy crujientes, las escamas de sal a la vainilla y un molinillo de pimienta.

NOTA

Las terrinas de foie gras normales suelen estar frías y duras, y por este motivo no nos dan todo su sabor y no les sacamos todo el partido al comerlas. La mantequilla preparada con esta receta es interesante porque su sabor a foie gras es muy agradable, cremoso e intenso. Podemos congelarla, y en el momento de servirla solo hará falta remontarla con unas varillas, pero lo ideal es prepararla para cada ocasión.

CEVICHE DE HAMACHI
con cerezas encurtidas

PARA
8 TAPAS

EL HAMACHI
1 lomo de pez limón (hamachi) de 1 kg

Limpiamos el pescado dejando los lomos sin piel y espinas. Reservamos las espinas para elaborar la leche de tigre. Cortamos el pescado en cubos regulares de 1 cm con un cuchillo muy afilado. Si compramos el pescado fresco, podemos congelarlo para tener la total seguridad de eliminar posibles parásitos como los anisakis.

LA LECHE DE TIGRE
250 ml de zumo de lima
250 ml de zumo de limón
250 g de espinas de pescado limpias y desangradas
300 g de tomate
400 g de cebolla roja
80 g de sal
40 g de azúcar
1 manojo de cilantro fresco
6 hojas de menta fresca
4 hojas de albahaca

Retiramos la semillas del tomate y cortamos la pulpa en dados pequeños. Cortamos la cebolla en juliana y picamos ligeramente las hojas frescas. Mezclamos todos los ingredientes en una bolsa de vacío o recipiente hermético y los dejamos macerar durante 24 horas. Transcurrido el tiempo de maceración, pasamos la leche de tigre por un colador y preparamos con ella el jugo de ceviche.

EL JUGO DE CEVICHE
leche de tigre
1 c/s de cilantro fresco picado muy fino
1 cebolla roja
pimienta de Espelette en polvo
la ralladura de 1 limón
la ralladura de 1 lima

Justo antes de terminar el plato, añadimos a la leche de tigre el cilantro, la cebolla roja cortada en juliana muy fina, un poco de pimienta de Espelette en polvo y las cáscaras del limón y la lima ralladas muy finas .

EL HELADO DE HIERBAS FRESCAS
50 g de hojas de albahaca fresca
25 g de hojas de menta fresca
160 g de azúcar
25 g de glicerina
25 g de azúcar invertido
100 g de Prosorbet o estabilizante para sorbetes
600 ml de agua mineral
200 ml de zumo de lima

Trituramos todos los ingredientes en el robot de cocina hasta que las hojas estén perfectamente licuadas. Colamos la preparación obtenida por un colador de malla muy fino y la pasamos rápidamente por la heladora para evitar oxidaciones.

MONTAJE
8 cerezas
brotes de cilantro
hierbas frescas
8 frambuesas
aceite de oliva
½ granada

Marinamos las cerezas sin hueso y cortadas por la mitad durante un par de minutos en el jugo de ceviche recién preparado. Después marinamos el pescado 3 o 4 minutos más. Colocamos los dados de hamachi marinados y escurridos de forma elegante en un plato, añadimos las cerezas encurtidas, las frambuesas cortadas por la mitad, algún brote de hierbas frescas y de cilantro, algunas láminas de la cebolla roja encurtida y unos granos de granada. Para terminar, al lado del ceviche, ponemos una pequeña cucharada de helado y aliñamos todo el conjunto con un hilo de buen aceite de oliva.

TARTAR DE ATÚN

con yema curada, lima, cebolleta, sésamo y wasabi

PARA
6 RACIONES

EL ATÚN

500 g de atún *bluefin*

Limpiamos el atún y lo cortamos en dados de 0,5 cm o un poco menos, lo más regulares que podamos. Esta operación debemos realizarla justo antes de preparar el plato para evitar que el pescado se oxide. También podemos picar la carne del atún más pequeña, como para un steak tartar, o podemos cortarla en láminas y luego aplastarla ligeramente con el cuchillo plano. Todas las opciones son buenas, pero en este caso la salsa es más parecida a una marinada que a un aliño y es preferible que el tipo de corte del atún no sea demasiado pequeño.

SAZONAR EL ATÚN

50 ml de ponzu (*véase pág. 136,
receta ostra con ponzu*)
20 ml de salsa de soja
5 gotas de Tabasco
5 g de pasta de wasabi o rábano picante
5 g de mostaza de Dijon antigua
10 g de jengibre rallado
la ralladura de ½ lima
unas gotas de zumo de lima

LA SALSA DE YEMA PASTEURIZADA

5 huevos camperos frescos

Separamos las yemas de las claras. Envasamos las yemas en una bolsa de cocción y las cocemos en un baño de agua a una temperatura controlada de 63 °C durante unos 10 minutos. Enfriamos la bolsa en agua con hielo. Emulsionamos las yemas con aceite de oliva hasta conseguir una salsa bien firme. La sazonamos con sal y pimienta y la reservamos en un dosificador de salsas.

MONTAJE

huevas de pez volador (tobiko)
brotes de cilantro, mostaza rizada, brotes picantes
o cítricos
juliana muy fina de rábano picante y verde de cebolleta
juliana muy fina de cáscara de kumquat
sésamo tostado o sésamo con wasabi

Dividimos el atún en raciones de 70 g y las mezclamos con 10 g de salsa de yema y 10 g del aderezo, aproximadamente, según el gusto. Agregamos 5 g de huevas de pez volador y colocamos la preparación en el plato. Sobre el atún ponemos el sésamo, las julianas y unos brotes cítricos, picantes y especiados.

CONO DE CALAMARES A LA ANDALUZA

con alioli de citronela

PARA
2 RACIONES

LOS CALAMARES

4 calamares de anzuelo medianos

Limpiamos bien los calamares retirando piel, aleta y tentáculos, de modo que dejamos solo el tubo, sin restos del interior. Reservamos la piel y las aletas para otras preparaciones. Cortamos el calamar en aros de entre 1,5 y 2 cm de ancho.

EL ACEITE DE CITRONELA

500 ml de aceite de oliva suave (0,4 º)
5 tallos de citronela fresca

Troceamos la citronela muy fina y la envasamos al vacío con el aceite. La escaldamos en agua hirviendo durante 3 segundos. Enfriamos la bolsa en agua helada para retractilarla y evitar así que se deforme durante la cocción. Infusionamos la citronela y el aceite en un baño de agua a 70 °C durante 24 horas. Terminada la cocción, enfriamos la bolsa en agua fría y reservamos el aceite en la misma bolsa dentro de la nevera. Este aceite mejora si reposa unos días.

EL ALIOLI DE CITRONELA

1 diente de ajo morado
15 g de yema pasteurizada (opcional)
40 g de huevo pasteurizado (opcional)
2 g de sal
200 ml de aceite de citronela
ralladura de limón

Pelamos el ajo y retiramos el germen para que no repita. Lo escaldamos unos segundos para suavizar un poco su sabor. El alioli lo podemos hacer de forma tradicional o montarlo como una mayonesa. Si optamos por la forma tradicional, ponemos la sal y el ajo en un mortero y lo trabajamos un poco; después vamos añadiendo un hilo de

aceite muy despacio, dando vueltas con la mano de mortero, emulsionándolo y trabajándolo con suaves giros. Esta elaboración es más difícil porque la emulsión se produce por la grasa y la pequeña cantidad de agua que contiene el ajo. Si queremos hacer la versión sencilla, ponemos el aceite, el huevo, el ajo y la sal en un recipiente para túrmix. Introducimos el cabezal del túrmix hasta el fondo del recipiente y retiramos el aire contenido en el cabezal girándolo ligeramente. Trabajamos los ingredientes como si hiciéramos una mayonesa, de abajo arriba a la potencia mínima, intentando que no entre aire en la mezcla. Las dos elaboraciones son deliciosas para esta receta. Terminada la emulsión, servimos el alioli en pequeños recipientes y rallamos encima un poco de cáscara de limón.

LA HARINA DE FRITURA

200 g de harina de panadero o de garbanzo gruesa
100 g de fibra de trigo Trisol

Mezclamos 2 partes de harina de panificación para pan tipo chapata con una parte de fibra de trigo. Tamizamos la mezcla y la volcamos en una fuente para enharinar el calamar.

LA FRITURA Y EL MONTAJE

huevo para rebozar
aceite de girasol

Pasamos 80 g de calamar por persona por huevo previamente batido, escurrimos con ayuda de un colador el exceso de líquido y rebozamos los trozos de calamar con la mezcla de harina. Los freímos en aceite de girasol a 180 °C hasta que estén firmes pero sin que tomen mucho color (deben quedar casi blancos). Secamos en un trozo de papel absorbente el exceso de aceite y los sazonamos con sal. Colocamos los calamares en platos o conos para servir, con el alioli para acompañar.

LATA DE MEJILLONES
al vermut blanco con patatas chips

LOS MEJILLONES

1 kg de mejillones de roca de buen tamaño
1 litro de agua mineral
80 g de sal

Mezclamos el agua y la sal. Cuando la sal esté disuelta, añadimos los mejillones y los dejamos reposar en la nevera un mínimo de 30 minutos. A continuación los escurrimos y los introducimos en bolsas de cocción al vacío, formando una sola capa de mejillones para que al hacer el vacío no se rompan. Cerramos las bolsas al vacío y las escaldamos en agua hirviendo durante 3 segundos. Después las enfriamos en agua helada. Esta operación la hacemos para que la bolsa se retractile y no se modifique durante la cocción. Colocamos las bolsas en un baño de agua a una temperatura controlada de 82 °C durante 25 minutos. Terminada la cocción, enfriamos de nuevo las bolsas sumergiéndolas en agua helada. Antes de terminar la receta, sacamos los mejillones de sus conchas con mucho cuidado y los reservamos en su propia agua.

EL TARTAR DE TOMATE CONFITADO

6 tomates maduros
100 ml de aceite de oliva arbequina
20 g de salsa de soja
10 g de salsa Perrins
1 c/s de cebollino picado muy fino
sal
azúcar
pimienta negra

Hacemos una pequeña cruz en la piel de los tomates con la ayuda de una puntilla y los escaldamos 5 segundos en agua hirviendo. Una vez escaldados, los enfriamos en agua helada, los pelamos y los cortamos en cuartos. A continuación retiramos las semillas de cada cuarto y nos quedamos solo con la carne exterior. Colocamos los trozos de tomate en un bol y los aliñamos con la mitad del aceite, una pizca de azúcar, sal y pimienta negra. Pasamos los pétalos de tomate a una fuente y los horneamos a 125 °C durante 30 minutos. Entonces les damos la vuelta y seguimos horneándolos a la misma temperatura 30 minutos más. Transcurrida la cocción, los dejamos enfriar y, con un cuchillo afilado, los picamos en dados regulares de 3 mm de lado, para hacer un tartar. Aliñamos el tartar de tomate con el resto de los ingredientes y lo reservamos hasta el momento de terminar el plato.

LA SALSA DE CÓCTEL

250 ml de vinagre de Jerez
22 g de pimentón de la Vera dulce
1 g de pimentón de la Vera picante
2 g de pimienta negra
5 g de sal
1 g de goma xantana

Mezclamos el vinagre con la goma xantana y lo tra-bajamos con la ayuda de un túrmix hasta obtener una mezcla de densidad ligera. Añadimos el resto de los ingredientes y los removemos con un golpe suave de túrmix, lo justo para integrar todos los componentes. Dejamos reposar la salsa en la nevera durante 12 horas como mínimo. Esta preparación mejora con el tiempo y se conserva en la nevera hasta tres meses.

LAS PATATAS

200 g de patatas agrias
aceite de girasol
sal

Pelamos las patatas y las cortamos en láminas muy fi-nas, de 1 mm de grosor. Las freímos en abundante acei-te a 180 °C hasta que estén bien crujientes. Al sacarlas de la sartén, las colocamos en una fuente con papel ab-sorbente para retirar el exceso de grasa. Aliñamos las patatas con sal y las servimos sin demora.

MONTAJE

Vermut blanco de buena calidad

Repartimos el tartar de tomate confitado en 6 latas de cóctel. Encima del tartar colocamos los mejillones bien escurridos, como si de una conserva se tratara, y los ali-ñamos con un buen chorro de vermut blanco. Acompaña-mos la tapa con las patatas fritas y la salsa de cóctel para que los comensales aderezen tanto los mejillones como las patatas a su gusto.

TAPAS
PARA UNO

NITROPIÑA COLADA Y CAÑA DE AZÚCAR

con lima y ron

PARA
6-8
RACIONES

EL HELADO DE COCO

150 ml de leche de coco

85 ml de zumo de piña

8 g de coco seco en polvo

12 g de zumo de lima

10 g de zumo de limón

20 g de Procrema Sosa o estabilizante para helados

Mezclamos con la ayuda de un túrmix todos los ingredientes y reservamos la preparación hasta el momento de congelarla con nitrógeno líquido. Si utilizamos estabilizantes, calentamos la leche de coco con los estabilizantes hasta los 83 °C y la dejamos enfriar, añadimos el resto de los ingredientes y dejamos reposar la mezcla durante 6 horas como mínimo.

LA CAÑA DE AZÚCAR

1 caña de azúcar fresca de buen tamaño y con segmentos de 8 a 10 cm

100 ml de almíbar TPT (hecho con partes iguales de agua y azúcar moreno)

5 hojas de menta

25 ml de ron

Cortamos la caña por los segmentos y retiramos completamente la piel exterior. La partimos en bastones de unos 8 a 10 cm de largo. Envasamos los bastones al vacío con el almíbar, la menta y el ron y los dejamos 1 hora en la nevera.

LOS DADOS DE PIÑA

150 g de piña fresca

50 ml de almíbar TPT (hecho con partes iguales de agua y azúcar moreno)

3 hojas de menta fresca

15 g de ron añejo de buena calidad

Cortamos la piña en dados regulares de 0,5 cm de lado y los envasamos al vacío con los demás ingredientes. Los dejamos reposar en la nevera una ½ hora.

MONTAJE

1 lima

azúcar moreno

hojas de menta pequeñas

Colocamos en la base de la copa una cucharada pequeña de dados de piña. Hacemos el helado de coco con la ayuda del nitrógeno y una vez lo tengamos bien emulsionado y muy cremoso, disponemos una *quenelle* encima de la piña. Espolvoreamos la caña con azúcar moreno y ralladura de lima y la ponemos en el borde de la copa. Terminamos el montaje con unas hojas de menta y servimos la copa sin demora.

NOTA

Es importante indicarles a nuestros comensales que muerdan la caña de azúcar y absorban el líquido que se desprende, como si se tratara de un palo de regaliz. Las fibras de la caña no se comen, pero sí los jugos naturales y el ron impregnado en la caña.

NITROMOJITO

con melón y sorbete de lima y menta

PARA
4-6
COCTELES

Este mojito puede considerarse una versión de la piña colada, ya que la elaboración y el emplatado de ambos son muy parecidos. No obstante, cuando se prueba, el mojito resulta totalmente diferente.

EL MELÓN CON ALMÍBAR DE MENTA

1 melón cantalupo o galia
150 g de azúcar moreno
200 ml de agua mineral
hojas de menta

Hacemos hervir el agua en un cazo pequeño. Añadimos el azúcar moreno y lo cocemos hasta que se disuelva por completo. Apartamos el cazo del fuego, agregamos las hojas de menta y dejamos enfriar el almíbar. Una vez frío, lo envasamos al vacío y lo dejamos reposar de un día para el otro. Pelamos el melón y retiramos las semillas. Cortamos la pulpa en dados de 1 cm. Envasamos al vacío los dados con dos o tres cucharadas grandes de almíbar de menta y los dejamos reposar unos minutos hasta que estén bien impregnados.

LA GELATINA DE LIMA

200 ml de agua mineral
100 g de azúcar
100 ml de zumo de lima
3 hojas de gelatina de 2 g cada una
ralladura de lima

Remojamos las hojas de gelatina en agua helada por espacio de cinco minutos. En un cazo pequeño llevamos a ebullición el agua mineral. Agregamos el azúcar y, una vez se haya disuelto, añadimos las hojas de gelatina y apartamos el cazo del fuego. Dejamos que el almíbar con gelatina se enfríe un poco y agregamos el zumo de lima. Vertemos la mezcla en un recipiente de plástico del tamaño necesario para que el almíbar forme una capa de 1 cm de grosor y la introducimos en la nevera hasta que la gelatina cuaje. Antes de servir el mojito rompemos la gelatina en pedazos regulares y rallamos encima un poco de cáscara de lima.

EL SORBETE DE LIMA Y MENTA

1 litro de agua mineral
300 g de azúcar
80 g de glucosa
160 ml de zumo de lima
estabilizante para sorbetes
1 manojo de menta fresca

Mezclamos el agua con el azúcar, la glucosa y el estabilizante para sorbetes. Calentamos el agua hasta los 85 °C y la dejamos enfriar. Añadimos el zumo de lima. Dejamos madurar la mezcla si el estabilizante así lo requiere. Separamos las hojas de menta de los tallos. Trabajamos en un robot de cocina la base del sorbete con las hojas de menta hasta que estas queden bien integradas. Colamos la preparación y la pasamos por la sorbetera. Para cada 750 ml de base de sorbete de lima utilizamos un manojo de hojas de menta. Delante de los comensales, helamos el sorbete con la ayuda de nitrógeno líquido, en un bol especial para trabajar el nitrógeno y con unas varillas, hasta obtener un sorbete muy cremoso.

LA CAÑA DE AZÚCAR CON RON

1 segmento de caña de azúcar gruesa
50 ml de ron añejo
4 hojas de menta
azúcar moreno
ralladura de 1 lima

Pelamos el segmento de caña azúcar, cortamos bastones de caña azúcar pelada de 7 cm por 0,5 cm. Envasamos al vacío los bastones de caña con el ron y las hojas de menta y los dejamos reposar por lo menos durante 2 horas. Antes de servir el sorbete extraemos los bastones de la bolsa y los espolvorearemos con un poco de azúcar moreno y un poco de cáscara de lima rallada con la ayuda de un rallador Microplane.

MONTAJE

begonias blancas
ron añejo de muy buena calidad

Ponemos en el fondo de una copa de cóctel una cucharadita de dados de melón. Formando un triángulo, disponemos tres trozos de gelatina de lima con lima rallada. En el centro, una buena porción de sorbete de menta y, encima de este, una cucharadita de ron añejo. Finalmente, colocamos la caña azúcar con lima rallada y azúcar moreno en el borde de la copa. Terminamos el montaje con un par de pétalos de begonias blancas.

NOTA

Al igual que en la piña colada, nuestros comensales tienen que morder la caña de azúcar y saborear el líquido que desprende, como harían con un palo de regaliz. Las fibras de la caña no se comen, solo sus jugos naturales y el ron que la impregna.

TOSTA DE ANCHOA DEL CANTÁBRICO,
tomate y crema de ajo negro

PARA
6 PERSONAS

LAS ANCHOAS
6 filetes de anchoas del Cantábrico en salazón calibre 00
aceite de oliva arbequina

Lavamos el exceso de sal de las anchoas, separamos los filetes y los limpiamos de espinas. Remojamos los filetes en agua fría durante 30 minutos, los escurrimos y los remojamos 20 minutos más. Los secamos con papel absorbente y los guardamos en un recipiente hermético cubiertos con aceite de oliva.

LA CREMA DE AJO NEGRO
1 cabeza de ajos morados
1 cabeza de ajos negros
2 anchoas
30 ml de aceite de oliva virgen extra

Asamos la cabeza de ajos morados en el horno, envuelta en papel de aluminio, durante unos 30 minutos a 180 °C, hasta que esté tierna. Pelamos los dientes asados y los trituramos junto a la cabeza de ajos negros, también pelada, las anchoas y el aceite. Emulsionamos la mezcla y la reservamos.

EL AGUA DE TOMATE
500 g de tomates maduros
sal
pimienta
azúcar

Limpiamos bien los tomates y los cortamos en cuartos. Los trituramos con la ayuda de un túrmix y los pasamos por un colador chino. Colocamos el puré resultante en un saco de filtrado o malla de tela muy limpia y dejamos que se escurra el agua de vegetación contenida en el puré. El agua resultante tiene que ser translúcida, de modo que iremos devolviendo el líquido filtrado, que al principio será turbio, al saco de filtrado hasta que caiga limpio. Una vez terminado el filtrado, reducimos el líquido obtenido hasta la mitad, lo salpimentamos y le añadimos azúcar.

EL CABELLO DE ÁNGEL DE TOMATE
100 ml de agua de tomate reducida
2 g de gelificante Kappa

Mezclamos el agua de tomate reducida con la Kappa y la llevamos a ebullición. Colocamos el líquido en un recipiente adecuado y lo dejamos enfriar hasta que cuaje. A continuación rallamos la gelatina con ayuda de un rallador fino para obtener unos filamentos parecidos al cabello de ángel pero con un sabor intenso a tomate.

LAS TOSTAS DE COCA
100 g de pan de coca

Cortamos el pan en tiras un poco más anchas que los filetes de anchoa, de 6 cm de largo y 1,5 cm de ancho aproximadamente. Ponemos las tiras en una bandeja de horno y colocamos encima otra bandeja para que el pan mantenga la forma durante la cocción. Horneamos el pan a 180 °C durante unos 5 minutos o el tiempo necesario para que quede perfectamente crujiente.

MONTAJE
1 manojo de cebollino fresco
20 g de tomate seco
50 g de aceitunas de Kalamata

Cubrimos la tosta con el cabello de tomate y unos puntos de crema de ajo negro. Colocamos encima el filete de anchoa, retirando antes el exceso de aceite para no mancharnos al comer, y por último decoramos el conjunto con un poco de aceituna negra, tomate seco y cebollino, todo bien picado.

BRIOCHE COMO UN PAN CHINO
con pato exótico

PARA
6 PERSONAS

EL BRIOCHE

115 g de harina de panificación
20 g de leche entera
8 g de azúcar
2 g de sal
42 g de huevo entero
35 g de mantequilla pomada
5 g de levadura fresca

Calentamos la leche a 37 °C y disolvemos en ella el azúcar, la sal y la levadura. Encima de una superficie de mármol, ponemos la harina y le añadimos la leche poco a poco. Después agregamos la mantequilla en pequeñas cantidades y, por último, el huevo. Amasamos los ingredientes hasta formar una masa bien homogénea que se despegue del mármol. La dejamos reposar en la nevera, tapada con film transparente, durante 24 horas. A continuación hacemos bolas de 30 g y las dejamos fermentar sobre bandejas de horno con papel antiadherente durante 1 hora como mínimo, o hasta que la masa doble su volumen. Horneamos los brioches al vapor 15 minutos a 92 °C, los dejamos enfriar y los reservamos en un recipiente hermético.

EL MANCHON DE PATO

6 *manchons* o alones de pato
40 ml de salsa ponzu
(*véase pág. 136, ostra con ponzu*)
10 g de jengibre fresco
1 c/s de grasa de pato
sal
pimienta negra

Pulimos y limpiamos los alones y los introducimos en una bolsa de cocción grande con el resto de los ingredientes. Escaldamos la bolsa de cocción 3 segundos y la enfriamos en agua helada con el fin de retractilar la bolsa para que esta no se deforme en la cocción. Cocemos los alones en un baño de agua a una temperatura controlada de 64 °C durante 24 horas. Terminada la cocción, reservamos las piezas, una vez frías, en la nevera.

LA MAYONESA DE KIMCHI

100 g de alioli
75 g de base comercial para kimchi
20 g de pasta de wasabi
25 g de salsa sriracha

Mezclamos bien todos los ingredientes y reservamos la salsa obtenida.

EL ENCURTIDO DE LOMBARDA

100 g de col lombarda
agua mineral
vinagre agridulce de cabernet sauvignon
sal
pimienta

Cortamos en juliana la col lombarda y la escaldamos en agua durante 1 minuto. La enfriamos con agua helada, la escurrimos bien y la ponemos en un recipiente de cristal que podamos cerrar bien. Hacemos hervir el vinagre. Escaldamos la col con el vinagre y le añadimos un poco de sal y pimienta. La dejamos enfriar bien y la marinamos durante 24 horas como mínimo en la nevera.

MONTAJE

Calentamos los alones de pato de nuevo en el baño de agua caliente. Sacamos la carne de la bolsa y la deshuesamos con mucho cuidado. Los marcamos por el lado de la piel hasta que se dore. Freímos el brioche en aceite a 190 °C de modo que adquiera un color dorado por toda su superficie, le hacemos un corte en el medio y colocamos en su interior una cucharada de mayonesa de kimchi y un poco de encurtido de col lombarda.

RAPE FRITO,

ALCACHOFAS, LIMÓN Y OLIVA NEGRA

PARA
5 MEDIAS
RACIONES

EL RAPE

1 lomo de rape de 1 kg
500 ml de agua mineral
40 g de sal

Mezclamos el agua y la sal hasta que esta se disuelva por completo. Cortamos el lomo en 20 pedazos de 50 g. Sumergimos los pedazos en la salmuera un par de minutos y los escurrimos perfectamente.

LA CREMA DE ALCACHOFAS

6 alcachofas
150 ml de aceite de oliva arbequina
30 ml de agua mineral
sal

Limpiamos las alcachofas dejando los fondos bien pulidos. Los cortamos en cuartos y los colocamos en una bolsa de cocción con la mitad del aceite, el agua y la sal. Los cocemos 30 segundos en agua hirviendo y enfriamos la bolsa con agua helada para retractilarla. Cocemos las alcachofas en la bolsa 1 hora al baño maría a 70 °C. Pasamos las alcachofas por un robot de cocina con el resto del aceite. Agregamos más aceite si queremos una crema menos densa.

LA HARINA DE FRITURA

harina de buena calidad
fibra de trigo

Mezclamos dos partes de harina con una de fibra de trigo con ayuda de unas varillas. Tamizamos la mezcla y la reservamos.

LAS ALCAHOFAS SALTEADAS

5 alcachofas
1 c/s de mantequilla
sal

Pulimos las alcachofas y las cocemos de 6 a 8 minutos en agua salada hasta que estén justo cocidas. Las enfriamos con agua y cubitos de hielo. En el momento de servirlas, las cortamos en 4 trozos y las salteamos con la mantequilla hasta que tomen color. Las aliñamos con sal y las servimos rápidamente.

EL POLVO DE ACEITUNA

100 g de aceitunas negras griegas con hueso

Aplastamos las aceitunas con un cazo u objeto contundente y les retiramos el hueso. Laminamos finamente las aceitunas y las secamos en el horno a 55 °C de 8 a 10 horas. Una vez secas, las picamos muy bien con la ayuda de un cuchillo afilado. Reservamos el polvo obtenido en un recipiente hermético.

OTROS

200 g de huevo entero pasteurizado
sal en escamas
flores de romero
brotes de atsina
aceite de oliva arbequina
la ralladura de 1 limón

FRITURA Y MONTAJE

Pasamos los trozos de rape por el huevo y la harina de fritura. Retiramos el exceso de harina con la ayuda de un colador. Freímos el rape en abundante aceite a entre 180 y 200 °C hasta que esté dorado por fuera pero jugoso por dentro. Colocamos el rape frito en una fuente con papel absorbente para retirar el exceso de aceite. En los platos, colocamos dos cucharaditas de crema de alcachofas y, al lado, dos pedazos de rape frito. Añadimos cuatro trozos de alcachofa salteada, dispuestos de forma elegante. Espolvoreamos el conjunto con unos toques de polvo de aceituna negra y, con la ayuda de un rallador fino, sazonamos el rape y el puré con ralladura de limón. Terminamos el montaje con los brotes y las flores, un hilo de aceite y unas escamas de sal encima de las alcachofas salteadas.

NUESTRO MELÓN CON JAMÓN

PARA
6 PERSONAS

EL CONSOMÉ DE MELÓN
2 melones cantalupo
3 hojas de lima kaffir frescas o congeladas

Limpiamos bien los melones de piel y semillas. Cortamos la carne del melón en dados. Trituramos los dados de melón con un túrmix junto a las hojas de lima y pasamos el puré obtenido por un colador chino. Colocamos el puré en un saco de filtrado o malla de tela muy limpia y dejamos que se escurra el agua de vegetación que contiene. Nos interesa que el agua resultante sea translúcida, de modo que las primeras gotas, que pueden ser turbias, las iremos devolviendo al saco de filtrado hasta que caigan limpias. Terminado el filtrado, sazonamos el caldo con un poco de sal y lo reservamos.

EL CRISTAL DE GRASA DE JAMÓN
50 g de grasa de jamón ibérico
20 hojas cuadradas de papel de arroz (obulato)
30 g de azúcar
50 ml de agua mineral

Preparamos un almíbar muy ligero haciendo hervir el agua con el azúcar. Vertemos unas gotas de aceite encima de un tapete de silicona y las extendemos con la ayuda de un papel absorbente. Doblamos las hojas de papel de arroz por la mitad formando un rectángulo. Colocamos los rectángulos en el tapete engrasado y los vaporizamos con el almíbar utilizando un espray. Cortamos la grasa de jamón en daditos regulares de 3 mm y los disponemos a lo largo del papel formando una línea. Cubrimos los daditos con otra hoja de obulato y la vaporizamos con un poco más de almíbar, la cantidad justa para que el papel se funda. Introducimos el tapete en una deshidratadora y secamos la preparación durante 12 horas a 50 °C. Cuando tengamos unas hojas translúcidas muy crujientes, las reservamos de la humedad en un recipiente hermético.

MONTAJE
8 lonchas de jamón ibérico de bellota

Servimos el agua de melón en un vasito de cristal y colocamos encima de este la hoja de obulato con grasa de jamón. Para terminar, ponemos unas finas lonchas de jamón ibérico de bellota sobre el obulato.

TSUKUDANI DE NAVAJAS
y pequeños shiitake

PARA
6 PERSONAS

EL TSUKUDANI
30 g de shiitakes secos
50 g de alga kombu
300 g de shiitakes frescos
100 ml de sake
20 g de glucosa
200 ml de salsa de soja
200 ml de agua mineral
100 ml de mirin
2 tallos de citronela
20 g de jengibre
20 g de azúcar
0,5 g de goma xantana

Cortamos las setas secas y las hidratamos con el agua mineral durante ½ hora aproximadamente. Cortamos las setas frescas y las salteamos. Añadimos el resto de los ingredientes y los dejamos hervir hasta obtener un guiso denso. Colocamos el guiso bien repartido en una bandeja antiadherente y lo desecamos a 50 °C hasta que esté seco.

LOS AROMÁTICOS THAI
1 tallo de citronela
10 g de miso blanco
5 g de jengibre
1 chalota
1 hoja de lima kaffir
1 puñado de cilantro
2 dientes de ajo

Picamos todos los ingredientes y los reservamos hasta el momento de usarlos.

LA INFUSIÓN THAI DE TSUKUDANI
300 ml de agua o fumet hecho con los corales de las navajas
50 g de tsukudani
aromáticos thai

En un hornillo de sala, hacemos hervir todos los ingredientes para que los comensales vean cómo preparamos el caldo. La cocción será de unos 5 minutos más 1 o 2 de reposo. Servimos el caldo muy caliente. Es fundamental darle una temperatura muy alta, ya que la única cocción que reciben las navajas es la de la infusión con este caldo.

MONTAJE
shiitakes mini
6 navajas tipo Longueiron
cáscara de kumquat en juliana
cebollino rizado
hojas de mostaza rizada
rabanito en láminas muy finas
brotes de cilantro
aceite de oliva arbequina

Abrimos las navajas en crudo y cortamos las partes blancas en trozos de 1 a 2 cm. Reservamos los interiores o corales para hacer el fumet que acompañará la infusión. Colocamos en un plato las navajas crudas y limpias con una tira de juliana de kumquat, cebollino rizado, mostaza rizada, una lámina de rabanito y un brote de cilantro. Finalizamos aliñándolo todo con un poco de aceite.

Servimos este plato a los comensales y, con el caldo infusionado muy caliente, escaldamos las navajas. Vertemos en el plato la cantidad de caldo necesaria para cubrir las navajas hasta la mitad de su altura.

BRIOCHE AL VAPOR FRITO

con lágrima ibérica y patatas deluxe

PARA
6 PERSONAS

EL BRIOCHE

115 g de harina de panificación

20 g de leche entera

8 g de azúcar

2 g de sal

42 g de huevo entero

35 g de mantequilla pomada

5 g de levadura fresca

Calentamos la leche a 37 °C y disolvemos en ella el azúcar, la sal y la levadura. Ponemos la harina sobre una superficie de mármol y le agregamos la leche poco a poco. A continuación añadimos la mantequilla en pequeñas cantidades y, por último, el huevo. Amasamos el conjunto hasta que la masa se despegue del mármol y esté bien homogénea. La dejamos reposar en la nevera, tapada con film transparente, durante 24 horas. Pasado este tiempo, la dividimos en porciones de 30 g, formamos bolas con ellas y dejamos que fermenten en bandejas de horno con papel antiadherente durante un mínimo de 1 hora, hasta que la masa haya doblado su volumen. Horneamos los brioches al vapor a 92 °C durante 15 minutos. Cuando estén fríos, los reservamos en un recipiente hermético.

EL JUGO DE CERDO ASADO

½ espinazo de cerdo

250 g de recortes de cerdo ibérico con muy poca grasa

4 litros de agua

1 zanahoria mediana

1 cebolleta

1 cebolla

1 blanco de puerro

1 ramita pequeña de apio

1 cabeza de ajos

200 ml de vino de Oporto

100 ml de coñac o brandy

romero, tomillo, laurel, …

sal

pimienta

Cortamos el espinazo por la junta de los huesos y desangramos los huesos y recortes de carne durante 5 minutos en agua helada. Escurrimos las carnes perfectamente en una brasa y las colocamos en una fuente donde queden amplias. Las asamos con un poco de aceite hasta que se tuesten bien. Limpiamos y pelamos todas las verduras, las cortamos menudas y las rehogamos con un chorrito de aceite para dorarlas ligeramente. Añadimos las verduras y las hierbas aromáticas que hayamos escogido a la fuente, y cocemos el conjunto 5 minutos más. Desglasamos la fuente con los licores y lo pasamos todo a una olla con el agua. Cocemos el caldo de 3 a 4 horas a fuego suave y lo colamos con un colador fino. Si utilizamos este jugo como salsa o base para una receta, lo reducimos con una nuez de mantequilla hasta darle la textura deseada.

LA LÁGRIMA DE CERDO IBÉRICO DE BELLOTA

400 g de lágrima de cerdo ibérico (carne entre costillas)

500 g de sal gorda

250 g de azúcar

20 g de pimentón dulce

6 c/s de salsa de cerdo ibérico reducida

Mezclamos la sal, el azúcar y el pimentón. Colocamos una capa de esta preparación en una fuente y, encima, la lagrima ibérica. La cubrimos con el resto de la mezcla y la dejamos curar durante dos horas. Pasado este tiempo limpiamos bien la salmuera e introducimos la carne fría en una bolsa de cocción con el jugo de cerdo también frío. Escaldamos la bolsa de cocción 3 segundos y la enfriamos en agua helada con el fin de retractilar la bolsa y que esta no se deforme en la cocción. Cocinamos la carne en un baño de agua a una temperatura controlada de 64 °C durante 24 horas. Terminada la cocción, reservamos las piezas una vez frías en la nevera.

LA SALSA BARBACOA DE CERDO ASADO

550 g de tomate maduro sin piel ni pepitas

50 g de azúcar moreno

30 g de vinagre de Módena

30 de base comercial para kimchi

10 g de salsa Perrins

100 g de salsa de cerdo reducida

Hacemos un caramelo con el azúcar moreno, le añadimos el vinagre de Módena y seguidamente el tomate. Lo dejamos cocer aproximadamente durante 1 hora a fuego suave hasta que adquiera una textura densa. Trituramos la salsa y la pasamos por un colador fino. Añadimos el resto de los ingredientes y la reservamos.

LAS PATATAS

patatas monalisa medianas
200 g de pan rallado
100 g de harina de trigo
5 g de comino
10 g de pimentón picante
10 g de pimentón dulce
5 g de ajo seco molido

Limpiamos las patatas y, sin pelarlas, las cortamos en seis gajos regulares. Mezclamos los demás ingredientes y rebozamos las patatas, previamente pochadas en aceite a unos 140 °C, en la preparación. Una vez confitadas y empanadas, las doramos en aceite a 190 °C durante unos minutos para que queden crujientes por fuera y se fije el rebozado. Las servimos sin demora.

MONTAJE

pepinillo en vinagre cortado en rodajas

Freímos los brioches en aceite a 190 °C hasta que adquieran un color dorado por toda su superficie. Les hacemos un corte en el medio y colocamos en su interior 2 rodajas de pepinillo encurtido. Añadimos 40 g de lágrima ibérica previamente marcada en la sartén y glaseada con salsa barbacoa de cerdo. Acompañamos los brioches con las patatas colocadas en un cono de papel. Podemos ponerlas en una bolsa de papel y ahumarlas con una pipa especial para esta operación.

TERRINA DE TERNERA

con tendones a la tailandesa

PARA MÍNIMO 8 TAPAS

TERRINA DE TERNERA

500 g de maxilar superior de ternera
(carrillera pequeña)
200 g de papada de cerdo
75 g de hígado de pato
35 ml de brandy o coñac
75 g de miga de pan del día anterior
100 ml de leche
18 g de sal
2 g de pimienta negra
50 g de chalotas picadas
50 g de zanahoria escaldada y picada fina
125 g de boletus picados finamente
90 g de huevo entero batido

Limpiamos, pulimos y cortamos las carnes en dados de unos 4 cm. Remojamos la miga de pan con la leche en un bol. En una sartén, sofreímos ligeramente las verduras picadas; cuando tomen un poco de color añadimos los boletus picados y el licor. Salteamos el conjunto hasta que tenga un tono dorado suave y lo dejamos enfriar. En un bol de buen tamaño, mezclamos las carnes con el pan remojado, el sofrito, el huevo, la sal y la pimienta. Mezclamos bien todos los ingredientes y los pasamos por la picadora de carne un par de veces. Envasamos la mezcla de carne en bolsas de vacío, procurando formar placas de 1,5 cm de grosor. Escaldamos las bolsas en agua hirviendo 3 segundos y las sumergimos inmediatamente en agua helada. Cocemos las placas en un baño de agua a una temperatura controlada de 70 °C por espacio de 24 horas. Terminada la cocción, dejamos reposar las bolsas media hora a temperatura ambiente y luego 3 horas como mínimo en la nevera.

EL TSUKUDANI

15 g de alga kombu
15 g de shiitakes secos
75 g de shiitakes frescos
10 g de sake
10 g de glucosa
50 ml de salsa de soja
50 ml de agua mineral
10 ml de mirin
1 tallo de citronela
5 g de jengibre picado
5 g de azúcar
0,5 g de goma xantana

Cortamos las setas secas y las hidratamos con el agua mineral durante una media hora. Cortamos las setas frescas y las salteamos. Añadimos el resto de los ingredientes y dejamos hervir el conjunto hasta que se forme un guiso denso. Colocamos el guiso bien repartido en una bandeja antiadherente y lo desecamos en el horno a 50 °C hasta que haya perdido toda la humedad.

LA INFUSIÓN THAI

500 ml de agua mineral
60 g de tsukudani (elaboración anterior)
20 g de jengibre picado
1 tallo de citronela
4 hojas de lima kaffir
25 g de miso blanco
15 hojas de cilantro
1 g de goma xantana para 400 ml de infusión

Ponemos el agua y el tsukudani en un cazo y lo llevamos a ebullición. Retiramos el cazo del fuego, lo tapamos con film trasparente y dejamos reposar la infusión durante 15 minutos. A continuación la pasamos por una estameña para separar las partes sólidas del líquido. Volvemos a poner el líquido en un cazo y añadimos los demás ingredientes. Llevamos la mezcla a ebullición, la retiramos del fuego y la cubrimos con film transparente para infusionarla durante 10 minutos. Filtramos la infusión y, con la ayuda de un túrmix, la texturizamos con la xantana procurando no introducir nada de aire.

LOS TENDONES DE TERNERA

200 g de tendones de ternera
1 hoja de laurel
pimienta negra
aceite de oliva

Limpiamos los tendones y los envasamos al vacío con el resto de los ingredientes. Escaldamos la bolsa de cocción en agua hirviendo y la enfriamos de inmediato en agua helada. Cocemos los tendones envasados en un baño de agua a una temperatura controlada de 90 °C durante 10 horas. Los tendones deben quedar muy tiernos. Los dejamos enfriar, los cortamos en trozos de unos 2 cm de largo y los reservamos cubiertos de aceite.

MONTAJE

20 g de shiitakes mini por ración
1 c/s de salsa de ternera por ración (opcional)
brotes de cilantro
1 kumquat

Cortamos la terrina de ternera en porciones de 2 x 10 cm. Calentamos las porciones, pinceladas con una gota de aceite, en el horno a 120 °C durante 4 o 5 minutos, el tiempo justo para calentar bien la terrina. Si disponemos de un buen fondo de ternera, podemos hacer el horneado con la pieza glaseada con esta salsa, así quedará más brillante y no perderá ni una pizca de jugosidad. Colocamos los shiitakes mini y los tendones en un cazo con un poco del caldo infusionado y los ponemos al fuego brevemente hasta que se cocinen las setas. Ponemos la terrina glaseada en el plato, agregamos las setas y el caldo rodeando la carne y terminamos el montaje con unos brotes de cilantro y una pequeña juliana de ralladura de kumquat.

SSÄM DE CASTAÑUELA DE CERDO IBÉRICO
con sardina y su espina crujiente

PARA
10 SSÄM

LAS CASTAÑUELAS

10 castañuelas de cerdo ibérico
vinagre
pimienta negra
sal
aceite de oliva

Desangramos las castañuelas durante media hora en agua helada con unas gotas de vinagre y una pizca de sal. Secamos bien las piezas y las aliñamos en un bol con sal, pimienta y un buen aceite de oliva. Introducimos las castañuelas en un par de bolsas de vacío y las sellamos a la máxima presión. Escaldamos las bolsas en agua hirviendo durante 3 segundos y las enfriamos enseguida en agua helada. Cocemos las castañuelas durante 12 horas en un baño de agua a 64 °C.

LOS LOMOS DE SARDINA Y LAS ESPINAS FRITAS

10 sardinas
aceite de semillas
sal

Limpiamos las sardinas. Separamos los lomos y los reservamos para terminar el plato. Reservamos también las cabezas y la mitad de las espinas para la salsa. Sumergimos el resto de las espinas en agua muy caliente unos segundos para cocer la carne que quede y así poder retirarla toda. Una vez limpias, secamos las espinas a 50 °C durante 2 horas y luego las freímos en aceite de semillas a 180 °C hasta que estén bien crujientes. Las pasamos por papel absorbente para retirar el exceso de aceite y las salamos ligeramente.

LA SALSA DE SARDINA

50 g de espinas y cabezas (previamente desangradas en agua helada durante 1 hora)
50 ml de salsa de soja
50 g de azúcar
100 ml de agua
20 g de glucosa líquida
1 g de goma xantana

Hervimos todos los ingredientes en un cazo a fuego mínimo. Una vez adquiera una textura densa, colamos la mezcla obtenida. Colocamos esta salsa en una fuente amplia y la tapamos con film transparente. Hacemos un pequeño agujero en el film y, con una pipa de ahumar, metemos una buena cantidad de humo en la fuente. Lo dejamos reposar unos minutos y después repetimos la operación un par de veces con el fin de ahumar ligeramente la salsa.

LA SALSA DE VINAGRE Y CHILE

100 ml de vinagre de arroz
15 g de chile rojo fresco
1 g de goma xantana

Ponemos el vinagre en un cazo con el chile cortado en rodajas muy finas y lo hacemos hervir todo unos segundos. Dejamos infusionar la mezcla 5 minutos fuera del fuego, la colamos y la texturizamos con la xantana, batiéndola con un túrmix. Reservamos la salsa en la nevera hasta el momento de usarla.

MONTAJE
1 lechuga iceberg

Cortamos las hojas de la lechuga iceberg en círculos de unos 10 cm de diámetro. Las pintamos con la salsa de vinagre texturizado. Asamos las castañuelas a la brasa o a la plancha con muy poco aceite, sal y una vuelta de pimienta, hasta que estén bien doradas. Glaseamos perfectamente las castañuelas con la salsa de sardinas. Pincelamos los lomos de sardina con un poco de aceite y, con la ayuda de un soplete, los asamos por el lado de la piel para que queden ligeramente cocidos. Colocamos sobre cada círculo de lechuga dos castañuelas glaseadas y un lomo de sardina, y terminamos con la espina frita y unos brotes de cilantro.

COCOTTE DE SETAS Y FOIE GRAS

con «parmentier» de coliflor

PARA
4 RACIONES

EL PURÉ DE COLIFLOR

400 g de coliflor
50 g de mantequilla en flor
50 ml de aceite de oliva arbequina
sal
pimienta

Cortamos la coliflor en brotes pequeños, de entre 1 y 2 cm, y la envasamos con un poco de aceite en bolsas de cocción. La cocemos en el horno a vapor a 100 °C por espacio de unos 30 minutos, hasta que esté muy tierna. Trituramos la coliflor en un robot de cocina con el resto del aceite y la mantequilla y la sazonamos con sal y pimienta. También podemos cocer la coliflor en agua hirviendo ligeramente salada, teniendo en cuenta que una vez cocida, antes de triturarla, es preciso escurrir muy bien toda el agua de cocción para que el puré no quede aguado.

EL GUISO DE SETAS

200 g de setas pequeñas de temporada
(rebozuelos, hongos, setas de san Jorge...)
2 c/s de mantequilla fresca
1 c/s de fondo de carne demi-glace
sal
pimienta negra

Limpiamos bien las setas de los restos de tierra que puedan tener con la ayuda de un pincel y papel húmedo. También podemos pasarlas por agua, pero muy rápidamente para no restarles sabor. Salteamos las setas a fuego vivo con una cucharada de mantequilla hasta que estén ligeramente doradas. Añadimos el fondo de carne y un poco más de mantequilla y seguimos salteando las setas un poco más. Las condimentamos con sal y pimienta y las reservamos.

EL CALDO DE JAMÓN

350 g de jamón ibérico o 500 g de huesos de jamón
sin nada de rancio
350 ml de agua mineral

Troceamos pequeño el jamón y lo cocemos con el agua a fuego muy suave y tapado durante 30 minutos. Dejamos infusionar el caldo fuera del fuego otros 30 minutos. Lo pasamos por un colador muy fino o una malla de lino y, cuando esté frío, retiramos la grasa de la superficie.

LA GELATINA DE JAMÓN

200 ml de caldo de jamón
1,5 g de agar-agar
1 hoja de gelatina (2 g)

Ponemos el caldo de jamón y el agar-agar en un cazo y lo mezclamos perfectamente con la ayuda de unas varillas. Llevamos el caldo a ebullición, lo retiramos del fuego y le añadimos la hoja de gelatina previamente hidratada 5 minutos en agua helada. Vertemos el caldo resultante en un recipiente del tamaño necesario para que el caldo forme una capa de 0,5 cm de altura, y lo dejamos cuajar durante 2 horas en la nevera. Una vez esté perfectamente cuajada, cortamos la gelatina en dados perfectos y la reservamos hasta el momento del emplatado.

MONTAJE

100 g de foie gras fresco
1 trufa negra o aceite de oliva macerado con virutas
de trufa negra
sal en escamas

Asamos el taco de foie gras en una sartén y lo dejamos reposar en un lugar cálido, a 50 °C, durante 5 minutos. Una vez terminado el reposo, lo cortamos en 8 piezas pequeñas. Colocamos en la base de la cocotte el puré de coliflor; sobre este, un poco de trufa fresca cortada en láminas finas o un hilo de aceite de viruta de trufa. Añadimos una buena cucharada de setas guisadas. Encima del guiso, disponemos un par de dados de foie asado y unos daditos de gelatina de jamón. Servimos rápidamente.

MINIBURGUER DE BUTIFARRA THAI

PARA
6–8
UNIDADES

LA HAMBURGUESA THAI
500 g de butifarra de cerdo
20 g de Sam Yang
5 g de pasta de curry rojo
5 g de Gochu Jang
(pasta de soja fermentada con guindilla)

Retiramos la tripa de la butifarra y mezclamos la carne con los demás ingredientes. Hacemos una masa y pesamos porciones de 50 g. Con ayuda de un cortapastas, damos forma de hamburguesa a las porciones y las reservamos entre dos trozos de papel anthiaderente.

LA SALSA
50 g de mostaza de Dijon (salsa de mostaza clásica y mayonesa)
20 g de salsa barbacoa Tiptree
5 g de pasta de curry rojo
5 g de Gochu Jang

Mezclamos con unas varillas todos los ingredientes, vertemos la preparación obtenida en un biberón para salsas y lo guardamos en la nevera hasta el momento de usarlo.

LA ENSALADA THAI
1 pepino
1 cebolla tierna
1 lima
10 hojas de cilantro fresco
20 g de aceite de oliva arbequina virgen extra
sal

Lavamos y cortamos el pepino con piel en rodajas de unos 2 mm de grosor y la cebolla tierna en juliana fina. Aderezamos las verduras con el zumo de la lima, el aceite de oliva, el cilantro picado fino y una pizca de sal. Mezclamos los ingredientes unos minutos antes de servir el plato.

LA PANCETA DE CERDO
200 g de panceta de cerdo
15 g de sal
ajo
romero
laurel
granos de pimienta
100 g de azúcar
10 g de pimentón de la Vera dulce

Mezclamos la sal, el azúcar y el pimentón. Cubrimos la panceta con esta preparación y la dejamos reposar 24 horas. Lavamos la panceta y la ponemos en una bolsa de vacío con ajo, romero, laurel, granos de pimienta y aceite de oliva suave. La confitamos en un baño de agua a una temperatura controlada de 64 °C durante 24 horas. Terminada la cocción, enfriamos la bolsa en agua con hielo. Para terminar la receta, sacamos la «piel» de la panceta y cortamos láminas de 3 a 4 mm. Las reservamos.

MONTAJE
6-8 panes de hamburguesa de media ración
preparados con un poco de pasta de curry rojo

Marcamos las hamburguesa en la plancha y terminamos la cocción en la salamandra o en el horno junto con la panceta (vigilando que la panceta no se seque). Cortamos los panes de curry y los tostamos. Colocamos un poco de la ensalada thai sobre la base de los panes y después las hamburguesas, y los untamos con la salsa. Tapamos los panes y los pinchamos con una brocheta.

FINA FOCACCIA DE CHAMPIÑONES,

gouda viejo y rúcula al aceite de nueces servida con jugo de champiñón al aire de avellana

PARA 6 PERSONAS

LA MASA DE PIZZA

500 g de harina floja
300 ml de agua helada
15 g de sal
25 ml de aceite
2,3 g de levadura fresca de panadero

Mezclamos la harina con la levadura, añadimos el agua y trabajamos los ingredientes hasta conseguir una masa bien homogénea. Incorporamos la sal y el aceite. Formamos bolas de masa de 180 g y las dejamos fermentar 3 horas a entre 20 y 30 °C, tapadas con film transparente o dentro de un recipiente hermético. Una vez realizada la fermentación, estiramos las bolas de masa en una fuente llana hasta obtener placas de no más de 1,5 mm de grosor. Bloqueamos la masa en un congelador o abatidor de temperatura y en el momento de terminar la preparación del plato, cortamos rectángulos de 3 cm de ancho por 10 cm de largo.

Para tostar la focaccia utilizamos un horno ultrarrápido llamado Merrychef. Este horno combina microondas, aire forzado y convección, y trabaja a una temperatura media de 275 °C. Cocemos la focaccia a la máxima potencia de convección y a la temperatura máxima sin microondas durante un tiempo no superior a 1 minuto. Este sistema ultrarrápido de cocción no permite fijar la masa y evita que esta pierda volumen o forma, con lo cual mantiene su finura. La sacamos del horno cuando haya adquirido un bonito tono dorado y la utilizamos sin demora, ya que el calor residual se escapa muy deprisa y para la royale de trufa es imprescindible conservarlo.

LA ROYALE DE TRUFA

200 ml de jugo de trufa *(Tuber melanosporum)*
de muy buena calidad
1,2 g de agar-agar
una pizca de sal

Ponemos 100 ml de jugo de trufa, la sal y el agar-agar en un cazo pequeño. Tapamos el cazo con film transparente y dejamos hidratar el agar-agar ½ hora. Damos un hervor a la mezcla y añadimos el jugo de trufa restante. Vertemos la elaboración en un recipiente hermético de 10 por 35 cm y la dejamos cuajar durante 2 horas como mínimo.

LA ENSALADA DE CHAMPIÑONES, NUECES Y GOUDA

1 o 2 champiñones muy frescos de buena calidad
2 c/s de aceite de nueces
2 nueces
100 g de gouda viejo de buena calidad
sal en escamas

En el momento de servir, justo antes de cocer las láminas de focaccia, preparamos la pequeña ensalada de champiñones crudos. En un bol colocamos las nueces cortadas en una juliana lo más fina posible. Con la máquina de cortar fiambre parada, usándola como si fuera una mandolina, y con un grosor de 0,5, cortamos láminas finísimas de champiñón. Preparamos las suficientes láminas para cubrir de manera aérea la superficie de la fina focaccia. Aliñamos las láminas con la juliana de nuez, la sal en escamas y el aceite de nueces vaporizado con un espray para aceites. Para terminar, rallamos una buena cantidad de gouda viejo encima con la ayuda de un rallador fino.

EL JUGO DE CHAMPIÑONES

100 g de champiñones muy frescos
20 g de cebolleta picada fina
40 g de mantequilla
30 ml de nata fresca
400 ml de caldo de gallina asada
una pizca de sal
una vuelta de pimienta

En una sartén honda de entre 15 y 20 cm, pochamos la cebolleta con la mitad de la mantequilla durante 3 o 4 minutos. Añadimos los champiñones en juliana y los salteamos a fuego rápido hasta que suelten toda el agua y esta se evapore casi por completo. Agregamos el caldo de gallina y lo cocemos durante 3 o 4 minutos. Pasamos la preparación por un robot de cocina hasta obtener un jugo muy fino, lo colamos y lo acercamos de nuevo al fuego un par de minutos más para añadir la mantequilla restante y la nata fresca. Lo sazonamos con la sal y la pimienta y lo reservamos. Para servir el plato utilizamos solo una pequeña parte de este jugo, pero preparar menos cantidad puede dar como resultado un jugo de menor calidad y peor textura.

EL AIRE DE AVELLANAS

250 ml de leche entera
30-50 ml de aceite de avellana tostada
1 g de lecitina de soja
una pizca de sal

Introducimos todos los ingredientes en un recipiente estrecho y alto de la medida necesaria para que el líquido forme una capa de 3 cm. Trabajamos los ingredientes con un túrmix para mezclar bien el conjunto. Bajamos la velocidad del túrmix para que se forme una buena cantidad de burbujas y no se rompan por exceso de potencia. Trabajamos la superficie para que se forme una buena cantidad de espuma aérea con sabor y mucho aroma a avellana. Dejamos reposar la mezcla 1 minuto para que la espuma se estabilice.

MONTAJE

brotes de rúcula selvática

Una vez tengamos todas las elaboraciones previas realizadas, montamos la focaccia. Para ello cortamos con una espátula ancha tiras de royale de 3 o 4 mm, colocamos las tiras en un lado de la focaccia. Encima y junto a la royale, ponemos la ensalada de champiñones, nueces y gouda de manera aérea, y terminamos la focaccia con un poco más de queso y una hoja de rúcula selvática muy delicada. Servimos la focaccia con una copita de jugo tibio de champiñones, coronado con una nuez de aire de avellanas.

VIEIRA AL ACEITE DE OLIVA

con apionabo, lentejas de soja y alcachofas

PARA
4 PEQUEÑAS
RACIONES

LAS VIEIRAS ASADAS

4 vieiras frescas de buen tamaño
100 ml de aceite de oliva (royal/picual sierra de
Cazorla DO Jaén)
sal y pimienta blanca

Limpiamos las vieiras y las mantenemos en aceite 20 minutos. En el momento de servir el plato las aliñamos y asamos en una sartén bien caliente. Solo les damos un poco de color para que la cocción no sea abrasiva. Reservamos las vieiras en un lugar cálido, a 55 °C, durante 5 minutos. Las calentamos unos segundos en la salamandra y las servimos rápidamente.

LA CREMA DE ALCACHOFA BRETONA

4 alcachofas
30 ml de agua mineral
60 g de aceite de oliva arbequina
sal

Limpiamos las alcachofas y pulimos los fondos. Introducimos los fondos con el agua, un hilo de aceite y una pizca de sal en una bolsa de vacío y las cocemos a 99 °C unos 35 minutos. Abrimos la bolsa y trabajamos las alcachofas y el resto del aceite con un túrmix hasta conseguir un puré de textura cremosa. Lo colamos y lo reservamos.

LA CREMA DE APIONABO

100 g de apionabo
50 ml de aceite de oliva arbequina
120 ml de agua mineral
sal

Cortamos el apionabo en dados pequeños y los cocemos en el agua salada. Los escurrimos y los trituramos en un robot de cocina con el aceite. Colamos la crema obtenida y la reservamos.

LA CREMA DE ACEITE DE OLIVA

4 g de xantana
0,7 g de agar-agar
1,6 g de pectina NH
400 ml de aceite de oliva arbequina de buena calidad
300 ml de agua
10 g de sal
¼ de hoja de gelatina neutra

Ponemos la gelatina neutra en remojo. Trituramos el resto de los ingredientes menos el aceite con un túrmix y damos un hervor a la mezcla hasta que adquiera una textura un poco menos densa que la clara de huevo. Emulsionamos esta preparación con la gelatina y el aceite añadido a hilo. Cuando la crema haya aceptado todo el aceite, reservamos en un biberón para salsas.

EL SALTEADO DE SOJA

80 g de brotes de soja
15 g de salsa de soja
20 g de agua mineral
sal

En el momento de servir, mezclamos todos los ingredientes, los salteamos en una sartén caliente y reducimos el jugo. Esta operación no puede durar más de 4 segundos para no cocer demasiado los brotes.

EL ACEITE DE PUERROS, SOJA Y SÉSAMO

100 g de hojas verdes de puerro
100 ml de aceite de naranja
8 g de salsa teriyaki
15 g de salsa de soja
5 g de aceite de sésamo tostado

Limpiamos las hojas de puerro, las escaldamos en agua salada y las licuamos. Gracias a la gran cantidad de celulosa que contienen, el líquido tomará consistencia en pocos minutos. Mezclamos el resto de ingredientes con la crema de puerro licuado y lo reservamos.

LAS LENTEJAS DE SOJA A LA NARANJA

100 g de salsa de soja fermentada
200 ml de agua mineral
2,7 g de Kappa
10 g de cáscara de naranja confitada

Hacemos hervir todos los ingredientes unos segundos.
Con la ayuda de una jeringuilla grande, distribuimos pequeñas gotas de esta preparación encima de un tapete
de silicona, separadas la una de la otra unos pocos milí-
metros. Con una rasqueta, recogemos las pequeñas
lentejas y las colocamos en un bol. Añadimos la cáscara
de naranja rallada finamente y las reservamos.

MONTAJE

hojas de shiso morado
curry en polvo

Trazamos dos lágrimas de crema de aceite en un plato.
A continuación colocamos las lentejas de soja formando un círculo y de manera un poco dispersa. Añadimos
dos cucharadas de crema de apionabo y una de crema
de alcachofas, ponemos una cucharada de salteado de
soja y encima, la vieira. Acabamos el montaje con brotes de shiso morado aliñados con curry en polvo y unas
gotas del aceite de puerros y soja.

COSTILLAS DE CABRITO EMPANADAS
CON PAN CON TOMATE Y AJO

PARA
6 PERSONAS

LAS COSTILLAS DE CABRITO
2 costillares de cabrito
2 huevos
panko (pan rallado japonés para rebozar)
sal fina
pimienta

En primer lugar raspamos las costillas para poder separar la falda. Una vez separada la falda del hueso, formamos un rulo junto al lomo y cortamos cada costilla con mucho cuidado (esta operación la puede realizar nuestro carnicero). Batimos los huevos y salpimentamos las costillas. Pasamos las costillas por el huevo batido y después por el pan rallado. Sacudimos el exceso de pan y freímos las costillas en aceite suave a entre 180 y 200 °C, hasta que estén bien doradas. Las dejamos escurrir sobre un papel absorbente para retirar el exceso de aceite y las servimos sin demora.

LA CREMA DE AJO A LA VAINILLA
2 cabezas de ajo morado
40 g de mantequilla fresca
½ vaina de vainilla

Con la ayuda de un cuchillo afilado, cortamos la parte superior de las cabezas de ajo, un centímetro por encima del centro. Colocamos las cabezas en una bandeja y sobre cada una ponemos un trozo de mantequilla y un trocito de vainilla. Las asamos en el horno a 170 °C durante 25 minutos. Les damos la vuelta y las dejamos asar 10 minutos más hasta que el ajo absorba la mantequilla y se guise por dentro. Sacamos la carne de los ajos y la trituramos en un robot de cocina con un poco de agua mineral o caldo hasta obtener una crema con textura de compota ligera.

EL PAN CON TOMATE
400 g de pan de coca
4 tomates de colgar maduros
sal
pimienta
aceite de oliva arbequina

Empapamos el pan de coca con el tomate rallado mezclado con sal, pimienta y aceite e impregnamos en la máquina de vacío, dentro de un bol sin bolsa.

MONTAJE
brotes de mostaza o mizuna

Colocamos en los platos una cucharadita de crema de ajo a la vainilla, el pan con tomate y las costillitas encima de forma elegante. Terminamos el montaje con los brotes picantes o de mostaza. Servimos enseguida.

HUEVO A BAJA TEMPERATURA

con anguila ahumada, mantequilla de trufa blanca y cecina

PARA
6 RACIONES

LOS HUEVOS

6 huevos de pollita

Cocemos los huevos en un baño de agua a una temperatura controlada de 62,5 °C durante 45 minutos. Terminada la cocción, abrimos los huevos y los colocamos en una espumadera para poder retirar las partes sobrantes o que no hayan cuajado bien. Si no disponemos de sondas o baños de agua a temperatura controlada, podemos hacer los clásicos huevos pasados por agua, sal y unas gotas de vinagre.

EL PARMENTIER

500 g de patatas ratte
30 g de mantequilla en flor
50 g de mantequilla de trufa blanca
50 ml de leche
75 g de mascarpone
sal
pimenta negra

Pelamos y troceamos las patatas. Las envasamos en bolsas de cocción medianas con la mantequilla y las cocemos en el horno a vapor a 100 °C durante 30 minutos aproximadamente. Aplastamos las patatas con un tenedor y, con unas varillas, mezclamos el puré resultante con el mascarpone, la mantequilla de trufa blanca, la leche templada y sal, hasta darle una textura densa y emulsionada. Reservamos el puré en un baño maría.

LAS MIGAS DE PAN A LA MANTEQUILLA

100 g de pan blanco precocido y congelado
50 g de mantequilla fresca
sal
pimienta

Trituramos el pan congelado y cortado en dados hasta reducirlo a migas pequeñas. Ponemos las migas en una sartén con la mantequilla y las salteamos a temperatura media hasta dorarlas perfectamente. Las sazonamos con sal y pimienta y las pasamos a un colador y después a papel absorbente con la intención de retirar toda la grasa sobrante. Las dejamos enfriar y las reservamos en un recipiente hermético.

LA CECINA CRUJIENTE

cecina

Cortamos láminas de cecina de 2 mm de grosor y las colocamos en una estufa o deshidratador a 50 °C hasta que quede bien seca y crujiente. Rompemos la cecina en trozos pequeños y la guardamos en un recipiente hermético.

LAS TEJAS DE PAN

100 g baguette precocida y congelada

En la máquina de cortar fiambre, cortamos la baguette en rebanadas lo más finas posible sin que lleguen a romperse. Las colocamos en una fuente de horno y las tostamos en el horno a 190 °C hasta que estén doradas. Las reservamos en un recipiente hermético.

MONTAJE

50 g de anguila ahumada cortada en dados de 0,5 cm
brotes de rúcula selvática
60 g de foie gras en dados de 1 cm
sal en escamas

Colocamos en el fondo de platos hondos una porción de migas de pan a la mantequilla. Añadimos dos dados de foie gras salteados en una sartén a fuego vivo y, encima, una buena cucharada de parmentier. Colocamos encima el huevo cocido y dos dados de anguila ahumada. Espolvoreamos el conjunto con escamas de cecina crujiente y unos brotes de rúcula selvática.

MEDIAS
RACIONES

NIEVES DE GAZPACHO,

sorbete de melocotón, vinagre de cabernet sauvignon y fresitas

MÍNIMO
8 TAPAS

LA NIEVE DE PEPINO Y TOMATE

500 g de tomates maduros
200 ml de licuado de pepino sin piel ni semillas
10 g de sal

Trituramos los tomates cortados en cuartos con un túrmix. Pasamos el puré por un colador chino y lo introducimos en un saco de filtrado superbag o similar. Colgamos la superbag con un bol debajo y dejamos escurrir el agua de vegetación. Cuando el agua salga totalmente transparente, colocamos un recipiente limpio y recogemos 400 ml de agua transparente. Mezclamos el agua de tomate con el licuado de pepino, realizado sin pieles ni semillas y pasado por un colador fino. Rectificamos el punto de sal y vertemos la preparación en un recipiente para sorbetera Pacojet o similar. Llenamos el recipiente solo hasta la mitad, ya que necesitamos espacio libre para la nieve, que es muy aérea y voluminosa. Dejamos congelar el líquido hasta que alcance los -18 °C.

En el momento de servir, colocamos el recipiente en la máquina y realizamos el trabajo equivalente a una ración. Si trabajásemos el recipiente lleno, la nieve dejaría de ser ligera y se compactaría. Reservamos la nieve unos minutos en el congelador para que recupere un poco de frío.

LA NIEVE DE FRESAS Y PIMIENTOS

600 g de fresas maduras
130 g de pimiento rojo
5 g de sal
10 g de vinagre de cabernet sauvignon

Lavamos las fresas y les retiramos las hojas verdes. Dejamos la carne del pimiento perfectamente limpia. Licuamos por separado los dos productos hasta obtener 500 ml de licuado de fresas y 100 ml de licuado de pimiento rojo. Pasamos los líquidos por un colador fino y los mezclamos. Añadimos el vinagre y la sal. Congelamos el líquido repitiendo las mismas operaciones realizadas para elaborar la nieve de pepino y tomate.

EL SORBETE DE MELOCOTÓN

100 ml de agua
40 g de azúcar
300 g de melocotones maduros
40 g de dextrosa
0,5 g de ácido ascórbico
estabilizante para sorbetes

Mezclamos el agua con el azúcar y la llevamos a ebullición. Retiramos el agua del fuego cuando rompa a hervir y dejamos que la temperatura baje hasta los 85 °C. Añadimos al agua la dextrosa y la cantidad de estabilizante recomendada por el fabricante y dejamos reposar la mezcla en la nevera durante 8 horas. Cortamos los melocotones en dados y los ponemos en un robot de cocina junto con la base reposada y el ácido ascórbico. Trabajamos los ingredientes con el robot hasta obtener una mezcla lisa, que pasamos por un colador fino. Ponemos la mezcla en una heladora y la dejamos hasta obtener un helado muy cremoso, o preparamos el helado con nitrógeno líquido, siguiendo el mismo proceso que en la receta de la nitro piña colada o el nitro mojito (*véanse págs. 56 y 59*).

MONTAJE

aceite de oliva
flores de begonias blancas
fresitas del bosque
tomates cherry
aceite de oliva arbequina

Enfriamos unos platos soperos en el congelador hasta el momento de terminar la receta. Para montar los platos, colocamos un par de cucharadas de nieve de pepino y tomate en el fondo de los platos helados, procurando mantener el volumen. Al lado, colocamos una cucharada de nieve de fresas y pimientos. Distribuimos unos cuartos de tomate cherry, unas hojas de trebol ácido y tres fresitas de manera elegante. Ponemos en el centro de la nieve una pequeña cantidad de sorbete de melocotón. Terminamos el plato aliñando con un generoso hilo de aceite de oliva arbequina.

HUEVO A BAJA TEMPERATURA
con parmentier, ibérico y brotes de rúcula

PARA
6 TAPAS

LOS HUEVOS
6 huevos de buena calidad de 50-65 g

La forma ideal de cocer los huevos es mantenerlos en un baño de agua a 63 °C unos 45 minutos. Si no disponemos de termómetros para realizar esta operación, ponemos a hervir un litro de agua con sal y un poco de vinagre y cocemos los huevos 5 minutos de reloj para cuajar la clara y dejar la yema caliente pero líquida. Terminada la cocción, rompemos la cáscara con cuidado y servimos los huevos sin demora.

LA GELATINA DE JAMÓN IBÉRICO
650 ml de agua mineral
300 g de recortes de jamón ibérico
3,5 g de agar-agar en polvo
3 hojas de gelatina de 2 g

Ponemos el agua en un cazo y la hacemos hervir. Añadimos el jamón picado muy fino y lo dejamos infusionar a entre 65 y 70 °C por espacio de 30 o 40 minutos. Hidratamos las hojas de gelatina en agua helada. Filtramos el consomé de jamón y le añadimos el agar-agar. Llevamos a ebullición el consomé, lo hervimos durante 40 segundos para disolver el agar-agar y agregamos las hojas de gelatina hidratadas. Vertemos el consomé en un molde de la medida necesaria para que el líquido forme una capa de 1,5 cm de grosor. Dejamos cuajar el consomé durante 2 horas como mínimo, y a continuación lo cortamos en cubos perfectos de 1 cm. Antes de servir los cubos, los atemperamos ligeramente en la salamandra o un lugar cálido.

EL PARMENTIER
250 g de patata hervida en agua salada
50 g de mantequilla en flor
50 ml de leche de vaca
40 ml de aceite de oliva arbequina
sal
pimienta

Mezclamos todos los ingredientes calientes en un recipiente de Pacojet. Realizamos el trabajo completo de la máquina dos veces y colocamos el parmentier montado en una manga pastelera con boquilla del número 12. Dejamos la manga en una mesa caliente, a 65 °C, hasta el momento de usarla.

LA PAPADA IBÉRICA CONFITADA
1 papada ibérica de 1 kg como mínimo
1 kg de sal
500 g de azúcar
30 g de pimentón de la Vera
15 granos de pimienta
3 clavos de olor
6 semillas de cardamomo verde

Mezclamos la sal con todos los demás condimentos y cubrimos la papada con la mezcla obtenida. La dejamos curar por espacio de 12 horas y, pasado este tiempo, la limpiamos perfectamente con agua muy fría. Envasamos la papada al vacío y, después de retractilar la bolsa sumergiéndola en agua hirviendo y a continuación en agua helada, la cocemos en un baño de agua a una temperatura controlada de 64 °C durante 24 horas. Terminada la cocción, dejamos enfriar la carne y la cortamos en dados de 1 cm, que calentamos justo antes de servir el plato en un horno o en la salamandra.

LAS MIGAS DE PAN A LA MANTEQUILLA
200 g de pan blanco precocido y congelado
100 g de mantequilla fresca
sal
pimienta

Sin dejarlo descongelar, cortamos el pan en dados y luego lo trituramos hasta conseguir unas migas pequeñas. Ponemos las migas en una sartén con la mantequilla y lo cocemos todo a temperatura media para dorar perfectamente las migas de pan. Sazonamos las migas con sal y pimienta, las ponemos en un colador y después las volcamos en un papel absorbente para retirar toda la grasa sobrante. Las dejamos enfriar y las reservamos en un recipiente hermético.

MONTAJE
jamón ibérico de muy buena calidad
láminas finas de pan tostado al horno (opcional)
hojas de rúcula

Colocamos una cucharada de migas de pan en los platos y formamos alrededor un círculo de parmentier. Ponemos en el centro el huevo caliente, procurando retirar las partes exteriores y sueltas de clara cuajada. Encima de la patata, disponemos 3 dados de gelatina de jamón atemperados y 3 dados de papada de cerdo bien calientes. Añadimos 3 láminas muy finas de jamón ibérico. Terminamos con brotes, hojas de rúcula y un hilo fino de aceite de oliva.

YAKISOBA CON SETAS, PAPADA CURADA

y asada, secreto ibérico y pimientos de Padrón

PARA
5 MEDIAS
RACIONES

LOS TALLARINES

200 g de tallarines japoneses

Cocemos la pasta en agua hirviendo con sal durante 1 minuto y medio. La enfriamos rápidamente en agua con hielo, la dejamos escurrir un poco y la mezclamos con aceite de oliva suave. La reservamos.

LA PAPADA DE CERDO

200 g de papada de cerdo
15 g de sal
ajo, romero, laurel y pimienta en granos
100 g de azúcar
10 g de pimentón de la Vera dulce

Mezclamos la sal, el azúcar y el pimentón. Cubrimos la papada con esta mezcla y la maceramos durante 24 horas. Lavamos la papada y la ponemos en una bolsa de vacío con ajo, romero, laurel, granos de pimienta y aceite de oliva suave. La confitamos en un baño de agua a 64 °C, controlando la temperatura, a lo largo de 24 horas. Terminada la cocción, enfriamos la bolsa en agua con hielo. Para terminar la receta, sacamos la «piel» de la papada y cortamos la carne en cubos de 2 cm.

CALDO DASHI INFUSIONADO

40 g de alga kombu en sal y lavada o
20 de alga kombu seca
1 litro de agua mineral
20 g de jengibre fresco
2 hojas de lima kaffir frescas o congeladas
30 g de bonito seco
1 c/s de tsukudani (*véase pág. 70, tsukudani de navajas*)

Ponemos el alga en un cazo con el agua mineral y la llevamos lentamente al punto en que rompa el hervor. Retiramos el cazo del fuego. Introducimos en el líquido el resto de los ingredientes, llevamos el agua nuevamente a ebullición muy despacio y la dejamos hervir 3 minutos. Retiramos el cazo del fuego, lo tapamos con film transparente e infusionamos los ingredientes durante 30 minutos. Pasamos la mezcla obtenida por una estameña, presionando con cuidado para extraer todo el líquido. Lo reservamos.

LA SALSA YAKISOBA CASERA

250 ml de salsa Jang for Wok
2 g de aceite de sésamo

Mezclamos la salsa y el aceite de sésamo y lo reservamos.

LAS SETAS

50 g de enoki blancos
30 g de shimeji dorados
30 g de shimeji blancos

Limpiamos los restos de tierra y suciedad con un poco de agua y cortamos las setas en trozos regulares. Las reservamos hasta el momento de usarlas.

LOS PIMIENTOS DE PADRÓN

12 pimientos de Padrón

Cortamos los pimientos en rodajas finas justo antes de terminar la preparación del plato.

EL SECRETO IBÉRICO

300 g de secreto de cerdo ibérico

Cortamos la carne en la cortadora de fiambres en láminas de 2 mm de grosor. Pincelamos las láminas con un poco de aceite y las reservamos para el salteado.

SALTEADO Y MONTAJE

bonito seco
brotes de cilantro

Utilizamos una sartén tipo wok muy caliente, donde vamos salteando los pimientos con la papada y las setas a fuego vivo. El salteado es rápido y a una temperatura alta, para pochar un poco y dorar ligeramente los ingredientes. Sacamos las verduras del wok y salteamos el secreto unos segundos. Añadimos los fideos y otra vez las verduras, les damos un par de vueltas y mojamos el conjunto con un poco de salsa yakisoba. Rectificamos el punto de sal y pimienta y agregamos un par de cacillos de caldo dashi infusionado. Servimos el plato en un bol decorado con un poco de bonito seco, brotes de cilantro y un hilo de aceite de oliva.

ARROZ VENERE

con cigala asada y gorgonzola

PARA
4 RACIONES

LA PRECOCCIÓN DEL ARROZ

300 g de arroz venere
1 litro de agua mineral
1 hojita de laurel
1 diente de ajo
unas gotas de aceite de oliva
sal

Juntamos todos los ingredientes y los cocemos 45 minutos a fuego suave. Añadimos más agua si fuera necesario, teniendo en cuenta que finalizada la cocción necesitamos medio litro de caldo de arroz venere. Escurrimos el arroz y lo enfriamos rápidamente. Filtramos el caldo y lo reservamos.

PARA TERMINAR EL ARROZ

el arroz precocido
1 cebolleta
50 g de blanco de puerro
1 chalota
4 langostinos
1 hongo mediano
60 ml de vino blanco
40 g de queso gorgonzola
el agua de cocción del arroz
nueces de California rotas
sal

Pochamos las verduras y añadimos el hongo picado. Cuando tome color el conjunto, agregamos los langostinos cortados en dados pequeños. Incorporamos el vino y lo dejamos reducir. Añadimos el arroz y el queso. Mojamos el conjunto con el caldo y lo cocemos hasta que adquiera la textura de un risotto. Agregamos las nueces rotas y servimos el arroz sin demora.

LA TEJA DE ROMESCO SECO (OPCIONAL)

105 g de clara de huevo
45 g de harina
150 g de mantequilla fundida
2 almendras tiernas
3 avellanas tostadas
1 tomate seco
1 ñora
sal
polvo de tomate seco

Fundimos la mantequilla y le añadimos la harina tamizada. Rápidamente incorporamos las claras batidas y trabajamos la mezcla con unas varillas hasta conseguir una masa homogénea. Reservamos la masa en la nevera durante 1 hora para poder trabajarla. Estiramos trozos de masa bien fina sobre una superficie antiadherente. Los cocemos 3 minutos en el horno a 160 °C. Añadimos el resto de lós ingredientes finamente rallados en proporción lógica al sabor del romesco. Damos un par de minutos más de cocción a la teja hasta que quede bien crujiente.

LAS CIGALAS AL AZAFRÁN

8 cigalas de tamaño mediano
agua mineral
unas hebras de azafrán
sal

Pelamos las colas de las cigalas y reservamos las cáscaras para otros usos. Marcamos las colas ligeramente y las ponemos en un colador de malla. En un cazo donde encaje bien el colador, vertemos 1 cm de agua, sal y las hebras de azafrán. Cocemos las cigalas al vapor de azafrán durante 15 o 20 segundos. También podemos terminarlas, después de marcarlas y aliñarlas con sal y aceite, con un golpe rápido de horno.

MONTAJE

nueces
hojas de rúcula selvática

Colocamos un par de buenas cucharadas de arroz en un plato hondo. Encima, las cigalas, unas hojas de rúcula selvática y la teja de romesco. Terminamos el montaje con unas nueces rotas y un hilo de aceite de oliva.

HUEVO A BAJA TEMPERATURA CON SETAS,

tupinambo, parmesano y trufa

PARA
6 RACIONES

LOS HUEVOS

6 huevos de buena calidad de 50-65 g

La mejor forma de cocer los huevos es mantenerlos en un baño de agua a 63 °C unos 45 minutos. Si no disponemos de termómetro para realizar esta operación, ponemos 1 litro de agua con sal y un poco de vinagre a hervir y cocemos los huevos 5 minutos de reloj para cuajar la clara y dejar la yema caliente pero líquida. Terminada la cocción, rompemos la cáscara con cuidado y servimos los huevos enseguida.

LA CREMA DE TUPINAMBOS

300 g de tupinambos
30 ml de aceite de oliva
50 g de mantequilla
sal

Pelamos los tubérculos y los vamos colocando en agua fría para que no se oxiden. Los envolvemos con papel de aluminio aliñados con un chorrito de aceite de oliva y sal y los asamos en el horno a 120 °C durante unos 30 o 40 minutos aproximadamente, hasta que estén bien tiernos. Trituramos todo el contenido del paquete de papel de aluminio en un robot de cocina con el resto de los ingredientes hasta obtener un puré fino. Reservamos el puré.

LAS MIGAS DE PAN A LA MANTEQUILLA

100 g de pan blanco precocido y congelado
50 g de mantequilla fresca
sal
pimienta

Cortamos el pan en dados, sin descongelarlo, y lo trituramos hasta reducirlo a migas. En una sartén juntamos las migas con la mantequilla y las dejamos cocer a temperatura media para dorarlas perfectamente. Sazonamos las migas con sal y pimienta, las pasamos a un colador y después las volcamos sobre un trozo de papel absorbente con la intención de retirar toda la grasa sobrante. Las dejamos enfriar y las reservamos en un recipiente hermético.

EL SALTEADO DE SETAS

300 g de setas frescas de buena calidad
(rebozuelos, hongos, colmenillas...)
50 g de panceta de cerdo curada
30 g de salsa de ternera reducida

Salteamos las setas bien limpias con unos dados de papada picados muy menudos. Cuando todo el conjunto tenga un bonito color dorado, añadimos el jugo de ternera. Rectificamos el punto de sal si es necesario y la textura con una nuez de mantequilla si no ha quedado muy untuosa.

MONTAJE

sal en escamas
queso parmesano
aceite de macerar trufas con raspaduras de su piel

Colocamos en la base del plato el puré de tupinambo; encima, un poco de migas de pan crujientes y el huevo caliente. Cubrimos el conjunto con el salteado de setas. Para terminar el plato, añadimos unas escamas de sal, dos lascas muy finas de parmesano y un hilo de aceite de trufas.

TOMATES CONFITADOS, AGUA DE VERDURAS

asadas, corteza de chapata y salazones

PARA
8 RACIONES

EL BAÑO DE ALGINATO

1 litro de agua mineral
5 g de alginato de sodio

Mezclamos los ingredientes con la ayuda de un túrmix hasta que el alginato esté bien integrado y procurando no añadir aire a la mezcla. Dejamos reposar la mezcla 12 horas en la nevera para que se hidrate perfectamente y pierda el aire que pueda haber incorporado.

LOS ÑOQUIS DE ARENQUE

100 g de arenque ahumado
60 ml de caldo de pescado
2 g de goma xantana
3,5 g de gluco
baño de alginato (elaboración anterior)

Colocamos todos los ingredientes en un robot de cocina y los trituramos bien hasta conseguir una crema fina. Dejamos enfriar esta masa y le retiramos el aire con la máquina de vacío para evitar que floten los ñoquis que se formarán en el baño de alginato. Colocamos la masa en una manga pastelera con una boquilla lisa de 0,5 cm, que nos servirá para hacer ñoquis pequeños. Con la manga, vamos echando la masa en el baño de alginato, y con la ayuda de unas tijeras, la vamos cortando en trozos de 1 cm, que dejamos «cocer» en el baño durante 1 minuto. Sacamos los ñoquis del baño, los enjuagamos en otro baño de agua y a continuación los reservamos en un recipiente con aceite de oliva hasta el momento de utilizarlos.

LOS TOMATES CONFITADOS

24 tomates cherry Divino
2 g de sal
0,5 g de pimienta negra
100 ml de aceite de oliva arbequina

Con la ayuda de una puntilla afilada, hacemos unos cortes en el tomate. Escaldamos los tomates 3 segundos en abundante agua hirviendo y los pasamos inmediatamente a otro baño de agua helada. Pelamos los tomates y los colocamos en un bol. Los aliñamos con el resto de los ingredientes, como si de una ensalada se tratara. Pasamos los tomates a una fuente de horno y los cocemos a 115 °C durante 35 minutos. Les damos la vuelta con mucho cuidado y los cocemos 40 minutos más. Sacamos los tomates del horno y los ponemos en una fuente cubiertos con buen aceite de oliva arbequina para conservarlos.

EL AGUA DE VERDURAS ASADAS

2 pimientos rojos
2 berenjenas
3 cebollas medianas
4 tomates maduros
3 tomates secos
1 litro de agua mineral
80 ml de salsa de soja
1 g de goma xantana por cada 220 ml de jugo de verduras

Asamos los pimientos y las cebollas lentamente en una brasa. Cortamos las berenjenas longitudinalmente, las maceramos durante 20 minutos en leche, las secamos y las cubrimos, por el lado del corte, con una capa de sal de 2 mm. Las cocemos suavemente a la brasa por el lado de la piel. Cuando la piel esté bien tostada y la pulpa hecha, retiramos la capa de sal y después la pulpa con una cuchara. Pelamos también cebollas y pimientos. Mezclamos el agua con la salsa de soja y la vertemos encima de las verduras asadas. Trituramos ligeramente el conjunto con un túrmix e introducimos el puré resultante en una bolsa de vacío, formando una placa de 1 cm de espesor. Congelamos el puré durante una noche. Sacamos la placa congelada de la bolsa y la colocamos en una fuente con agujeros con otra fuente debajo. Dejamos descongelar el puré en la nevera. Poco a poco va a salir un caldo limpio con un intenso sabor a las verduras asadas. Pasamos este caldo por una estameña, lo texturizamos con la goma xantana y lo reservamos.

MONTAJE

24 triángulos de 2 cm de corteza de chapata sin miga
y tostada
24 hojas de albahaca pequeñas
25 hojas de albahaca limonera pequeñas

Colocamos tres tomates confitados y calentados a 75 °C en el fondo de unos platos hondos. Añadimos dos cucharadas colmadas de agua de verduras texturizada tibia y tres ñoquis de arenque, y repartimos de forma elegante tres triángulos de corteza de chapata crujiente y las hojas de albahaca. Terminamos los platos con un buen hilo de aceite de oliva.

NOTA

Podemos hacer distintas versiones de este plato, por ejemplo, sustituyendo los ñoquis de arenque por una gamba roja cocida.

CABALLA CURADA Y MARINADA CON KIMCHI,

helado de pan con tomate, ensalada exótica de escarola y lulo

PARA
4-5
RACIONES

LA MARINADA

40 ml de salsa de soja
40 ml de vinagre de arroz
15 g de azúcar
2 g de sal
20 g de base comercial para kimchi
10 ml de aceite de sésamo
la cáscara rallada y el zumo de ½ lima

Mezclamos todos los ingredientes hasta obtener una marinada perfectamente integrada.

LA CABALLA MARINADA

3 caballas
300 g de sal
200 g de azúcar
la marinada de la preparación anterior

Separamos los filetes de las caballas y los limpiamos de espinas. Los secamos y los colocamos en una bandeja cubiertos por debajo y por encima con el azúcar y la sal mezclados. Los dejamos así durante 30 minutos, y a continuación los lavamos y secamos bien. Con la ayuda de un cuchillo, retiramos la segunda piel de la caballa. Cortamos los filetes a lo largo, luego realizamos 3 cortes en cada tira, de modo que obtenemos 6 trozos por cada caballa. Colocamos el pescado en una bolsa de vacío con la marinada y lo dejamos marinar unos 15 o 20 minutos. Antes de servirlo, introducimos la bolsa en un baño de agua a una temperatura controlada de 55 °C durante un par de minutos.

EL HELADO DE PAN CON TOMATE

1 kg de tomates tipo cherry o de colgar bien maduros
100 g de pan de hogaza
100 g de Prosorbet 100 Frío o estabilizante
para helados
60 ml de aceite de oliva arbequina
sal
pimienta negra

Lavamos los tomates y los cortamos en cuartos. Cortamos el pan en dados. Trituramos los tomates en un robot de cocina, colamos el puré resultante y lo volvemos a colocar en el robot con el resto de los ingredientes. Añadimos el estabilizante y sazonamos la mezcla. La dejamos madurar en la nevera si es necesario y la pasamos por la máquina de hacer helados. Reservamos el helado en el congelador.

LA ENSALADA DE ESCAROLA Y LULO

3 lulos maduros
1 escarola *frisée*
aceite de oliva
sal
1 granada madura

Limpiamos la escarola. Sumergimos las hojas en agua tibia durante 5 minutos y luego las enfriamos en agua con hielo. Las secamos con papel absorbente y las guardamos en un recipiente hermético. Abrimos los lulos por la mitad y con ayuda de una puntilla afilada sacamos su pulpa. Seleccionamos solo las partes jugosas del fruto, las aliñamos con aceite y una pizca de sal y las reservamos. Desgranamos la granada y la reservamos. Mezclamos todas las elaboraciones en un bol. No aderezamos la ensalada con vinagre porque el lulo normalmente aporta acidez, sin embargo, si está muy maduro y dulce, añadimos un poco de vinagre o zumo de limón o lima.

MONTAJE
migas de pan

Colocamos en la base del plato la escarola ya mezclada
con el lulo y la granada. Disponemos encima la caballa,
rociamos el conjunto con un poco de la salsa de la marinada y ponemos en el centro una migas de pan frito
con mantequilla, el helado de tomate y, encima, unas escamas de sal y un hilo de aceite de oliva.

RAYA CON PATATAS RATTE GUISADAS,

romesco, ajo negro asado y polvo de picada

PARA
10–12 PEQUEÑAS
RACIONES

LA RAYA

2 kg de raya del Mediterráneo sin piel

Sacamos los lomos de la raya y los cortamos en 10 o 12 pedazos de buen tamaño. Reservamos los recortes y espinas para el jugo de raya. Es importante comprar la raya el mismo día que vaya a cocinarse, ya que es un pescado que se deteriora rápidamente y en poco tiempo genera olores amoniacales.

EL JUGO DE RAYA ASADA

1 kg de recortes y espinas de raya
250 g de cangrejos de mar
1,5 litros de agua mineral
1 cebolla
2 cebolletas
2 ajos morados
2 zanahorias medianas
1 ramita de apio
3 tomates en dados (solo la pulpa)
100 ml de vino blanco seco
50 ml de brandy o coñac
50 g de salsa de tomate natural concentrada
sal
pimienta blanca

Ponemos las verduras en una marmita baja, las rehogamos lentamente y, al final, añadimos el tomate en dados y el coñac. Seguimos la cocción durante 5 minutos a fuego rápido y agregamos la salsa de tomate. Lo cocemos todo de 5 a 10 minutos más y lo reservamos. Asamos el pescado limpio en el horno durante 15 minutos a 200 °C y salteamos los cangrejos con un hilo de aceite hasta que tomen un bonito color dorado. Añadimos el vino blanco y lo reducimos hasta que se seque. Incorporamos el pescado y los cangrejos al guiso de verduras y lo cubrimos con el agua. Cocemos el caldo durante 30 minutos como mínimo a partir de la ebullición. Lo pasamos por un colador fino y lo reservamos.

EL POLVO DE PICADA

100 g de avellanas sin cáscara
100 g de almendras sin cáscara
2 dientes de ajo pelados
10 g de hojas de perejil
20 g de tomate liofilizado en polvo
30 g de migas de pan crujientes
aceite suave (0,4°)
sal fina

Colocamos los frutos secos en una bandeja y los tostamos en el horno a 160 °C durante unos 10 minutos, removiéndolos de vez en cuando. Una vez tostados, los rallamos muy finos. Picamos el ajo y lo freímos en el aceite de oliva a unos 170 °C, con mucho cuidado de que no se nos queme, pues quedaría amargo y perdería todo su sabor. Picamos las hojas de perejil y lo deshidratamos en una mesa caliente o en el horno a unos 50 °C. Mezclamos estos ingredientes con el tomate liofilizado en polvo, que iremos agregando poco a poco, un puñado de migas de pan tostadas con mantequilla (*véase pág. 114, las migas de pan crujientes*) y una pizca de sal fina. Probamos que los sabores estén bien equilibrados y reservamos el polvo de picada en un recipiente hermético hasta el momento de usarlo.

EL ROMESCO TRADICIONAL

250 ml de aceite de oliva
150 g de avellanas tostadas peladas
220 g de almendras tostadas peladas
3 tomates
4 dientes de ajo
100 ml de vinagre balsámico
50 ml de vinagre de Jerez
1 ñora
½ guindilla
sal

Asamos en el horno los tomates, sin el nudo y aliñados con sal y un poco de azúcar y aceite, hasta que estén bien hechos. Con la mitad del aceite freímos los ajos laminados, lentamente y partiendo de aceite frío. Cuando los ajos tomen color, añadimos la ñora y la guindilla. Al minuto, incorporamos los frutos secos y el vinagre. Cocemos el conjunto un par de minutos e incorporamos los tomates. Dejamos cocer 5 minutos más y lo trituramos todo bien fino, añadiendo el aceite restante. Podemos sustituir una pequeña porción del aceite por aceite de avellana tostada o almendra para así potenciar el sabor de los frutos secos, según la receta que elaboremos.

LA CREMA DE AJO NEGRO ASADO

2 cabezas de ajo negro
20 g de perejil picado
20 g de vinagre de Jerez
5 g de pimentón picante

Asamos las cabezas de ajos envueltas en papel de aluminio en el horno, a 170 °C, durante 45 minutos. Una vez frías, extraemos toda la carne de cada diente. Mezclamos la carne con el resto de los ingredientes y reservamos la crema obtenida en la nevera hasta el momento de usarla.

MONTAJE

1 kg de patatas ratte peladas y cortadas en trozos
de 1,5 cm
cebollino picado
brotes de salicornia

Doramos ligeramente las patatas en aceite a 180 °C y las pasamos a una cazuela amplia. Cubrimos las patatas con el jugo de raya asada, 1 cucharada sopera de crema de ajo y 100 g de romesco. Guisamos las patatas hasta que absorban bien los sabores y estén bien tiernas, y el jugo quede reducido y sabroso. Asamos los trozos de raya en la plancha y los cortamos en finas tiras. Colocamos la raya sobre las patatas y ponemos encima unos puntos de crema de ajo y el polvo de picada. Terminamos el plato con cebollino picado y brotes de salicornia.

BURRATA CON SABORES DE ITALIA

PARA
8–10
PERSONAS

LOS PÉTALOS DE TOMATE SEMISECO
2 piezas de tomate en rama
sal
azúcar
aceite de oliva virgen extra
pimienta negra

Hacemos un pequeño corte en la piel de los tomates y los escaldamos 5 segundos en agua hirviendo. Pelamos los tomates y los cortamos en cuartos. Retiramos las semillas, dejando solo la pulpa exterior. Ponemos todos los pétalos en un bol, los aliñamos con un poco de azúcar, sal, pimienta negra y aceite. Colocamos los pétalos extendidos en una bandeja de horno sobre un papel antihaderente. Los horneamos a 120 °C durante 75 minutos aproximadamente, sin humedad, hasta que estén semisecos. Los envasamos en bolsas pequeñas con un chorrito de aceite.

LA RÚCULA
rúcula selvática

Escogemos hojas de rúcula pequeñas. Preparamos un bol con agua y hielo. Cuando el agua esté muy, muy fría, retiramos los cubitos de hielo y sumergimos la rúcula seleccionada. La dejamos enfriar unos minutos. Sacamos la rúcula del bol, la ponemos encima de un papel absorbente para escurrirla y la reservamos en la nevera.

EL PAN CRUJIENTE
100 g de pan tipo *pane carasau*
sal
pimienta
aceite

Colocamos el pan en la rejilla del horno y lo doramos a 170 °C unos 3 minutos. Rompemos las láminas en trozos regulares y los aliñamos con sal, pimienta y aceite.

EL POLVO DE ACEITUNA
80 g de aceitunas negras griegas con hueso

Aplastamos las aceitunas con un cazo u objeto contundente y les quitamos el hueso. Laminamos finamente las aceitunas y las secamos en el horno a 55 °C de 8 a 10 horas. Una vez secas, las picamos hasta reducirlas a polvo con la ayuda de un cuchillo afilado. Reservamos el polvo en un recipiente hermético.

OTROS
125 g de burrata de búfala por persona
polvo de hojas de albahaca liofilizada
sal en escamas
hojas de rúcula

Montaje Ponemos la bola de burrata en el centro del plato, la rompemos con dos cucharas y la extendemos de manera que cubra toda la base del plato. Partimos un poco la corteza exterior para que sea más fácil de comer. Espolvoreamos la burrata con un poco de polvo de aceituna negra y albahaca liofilizada. Añadimos unos trozos irregulares de pan crujiente. Colocamos los pétalos de tomate de manera elegante. Aliñamos el conjunto con sal en escamas y aceite de oliva virgen y, por último, disponemos encima las hojas de rúcula.

TERRINA DE FOIE GRAS CON INFUSIÓN

helada de hojas de higuera

PARA
6 MEDIAS
RACIONES

EL AGUA DE MIEL CARAMELIZADA
25 g de miel de romero
75 ml de agua mineral

Caramelizamos la miel de romero en un cazo a fuego medio. Agregamos el agua y dejamos hervir el conjunto durante unos segundos para asegurar que quede todo perfectamente mezclado y reducido a la mitad. Lo reservamos.

LA CREMA DE FOIE
100 g de foie gras fresco
30 ml de agua de miel caramelizada
(elaboración anterior)
20 g de Pedro Ximénez (calentado previamente para evaporar el alcohol)
6 g de sal
pimienta

Desmenuzamos el foie y lo emulsionamos en un robot de cocina con el agua de miel caliente y el Pedro Ximénez tibio. Rectificamos el punto de sal y pimienta. La textura de la crema resultante tiene que ser parecida a la de la mantequilla. Pasamos la crema por un colador fino y la reservamos en un bol tapado hasta el momento de usarla. Las *quenelles* de foie tienen que prepararse en el momento de usarlas.

EL CRUJIENTE DE GALLETA
50 g de harina
50 g de harina de almendra
50 g de mantequilla fresca
50 g de azúcar moreno

Mezclamos todos los ingredientes y los trabajamos bien hasta obtener una masa homogénea. Extendemos la masa en una placa de horno formando una lámina de 5 mm de grosor y la horneamos a 160 °C sin humedad unos 10 minutos, o hasta que se dore de manera uniforme. Dejamos enfriar la galleta y a continuación la aplastamos ligeramente con un rodillo para desmenuzarla. La reservamos en un recipiente hermético.

LAS MIGAS DE PAN CRUJIENTES
80 g de pan blanco precocinado y congelado
50 g de mantequilla
sal
pimienta

Quitamos la corteza del pan aún congelado con la intención de dejar la miga limpia de cortezas. Cortamos la miga en dados regulares de 3 cm. Trituramos el pan con un robot de cocina hasta convertirlo en migas. Calentamos la mantequilla con un poco de sal y pimienta en un cazo amplio y alto hasta que espume. Agregamos el pan y lo freímos removiendo constantemente hasta que tome el color deseado. Lo escurrimos y lo dejamos entre dos trozos de papel de cocina hasta que se enfríe para retirar el exceso de grasa. Lo salamos ligeramente y lo reservamos en un recipiente hermético.

LAS MIGAS DULCES

100 g de migas de pan crujientes

60 g de higos liofilizados

20 g de crujiente de galleta

2 g de sal de vainilla

Mezclamos todos los ingredientes y los reservamos hasta el montaje del plato en un recipiente hermético.

EL HELADO DE HOJA DE HIGUERA

500 ml de leche entera

150 ml de nata (35 % MG)

40 g de leche en polvo

50 g de dextrosa

40 g de miel

45 g de azúcar

3 g de estabilizante para helados

80 g de hojas de higuera

Escaldamos las hojas de higuera tres veces, enfriándolas en agua con hielo después de cada vez (cambiando siempre el agua y el hielo). Escurrimos las hojas y les retiramos la fibra más gruesa para evitar que el helado amargue. Calentamos la leche y la nata a 40 °C. Mezclamos la dextrosa, el azúcar y la miel y lo incorpramos todo al líquido, removiendo con las varillas. Subimos la temperatura del líquido a 83 °C. Lo apartamos del fuego y le añadimos las hojas de higuera. Lo tapamos con film transparente y dejamos infusionar la mezcla durante 3 horas. Pasado este tiempo, colamos la preparación y le damos un golpe de túrmix para emulsionar bien los ingredientes. La dejamos reposar durante 12 horas en la nevera. A continuación pasamos la mezcla por una heladera y la reservamos en el congelador hasta el momento de usarla.

MONTAJE

higos o brevas de buena calidad

brotes de atsina o brotes anisados

cáscara de kumquat o de naranja rallada en juliana

sal en escamas

Utilizaremos un higo o breva por ración. Pelamos los higos y los cortamos en cuartos. En el centro de los platos, colocamos tres *quenelles* de crema de foie, dejando el centro libre para el helado. Distribuimos los cuartos de fruta de forma elegante y añadimos 2 o 3 cucharaditas de migas dulces y crujientes, una de ellas en el centro, para disponer encima una buena cucharada de helado de higuera. Terminamos el plato con unas escamas de sal, dos o tres tiras muy finas de cáscara de kumquat y unos brotes anisados.

ANGUILA Y PAPADA DE CERDO IBÉRICO,
garbanzos y reducción de agua de cebolla

PARA
6 TAPAS

LA ANGUILA AHUMADA

1 anguila ahumada pequeña entera

Sacamos los lomos de la anguila y reservamos la espina central y la cabeza para la salsa. Retiramos la piel a los lomos y la reservamos también para la salsa. Cortamos la carne de los lomos en dados de 0,5 cm, calculando 20 g por ración, y reservamos el resto de la carne al vacío.

LA SALSA DE ANGUILA

las pieles, la cabeza y la espina central de la anguila ahumada
250 ml de vinagre de arroz
250 ml de salsa de soja
125 g de azúcar
1 hoja de gelatina

Ponemos el vinagre de arroz, la salsa de soja y el azúcar en una cazuela y cocemos la mezcla a fuego suave hasta que se disuelva el azúcar. Añadimos las pieles, la espina y la cabeza de la anguila ahumada y seguimos cociendo la salsa a fuego suave durante 1 hora más o menos, hasta que tenga una buena densidad y tome todo el sabor de la anguila. Retiramos la cazuela del fuego para que la salsa se termine de infusionar con la anguila, dejamos que baje un poco la temperatura y disolvemos la hoja de gelatina previamente hidratada en agua en la preparación. La filtramos y la reservamos.

LOS GARBANZOS

300 g de garbanzos de buena calidad
30 ml de mirin
30 ml de salsa de soja
50 g de papada de cerdo ibérico (*véase pág. 96, huevo a baja temperatura*)
4 chalotas
aceite de oliva
25 ml de salsa de anguila
sal
pimienta

Ponemos en remojo los garbanzos durante 12 horas. Los colamos, los lavamos y los cocemos en una olla cubiertos de agua mineral. Cuando estén muy tiernos, agregamos las salsas y cocemos el conjunto 2 o 3 minutos más a fuego bajo. Una vez terminada la cocción, dejamos reposar unos minutos los garbanzos antes de colarlos. Para terminar, picamos las chalotas y las pochamos con un hilo de aceite. Cuando estén hechas, salteamos en la misma sartén la panceta cortada en daditos y agregamos los garbanzos y la salsa de anguila. Bajamos el fuego y lo cocemos todo un par de minutos. Rectificamos el punto de sal y pimienta y servimos los garbanzos sin demora.

EL AGUA DE CEBOLLA

2 kg de cebollas de Figueres
6 g de sal
50 g de azúcar

Pelamos las cebollas, las colocamos en una fuente de horno de paredes altas y las asamos en el horno a 130 °C durante 30 minutos. Sacamos las cebollas del horno y las pasamos a otra fuente de horno. Esta vez las tapamos bien con dos vueltas de plástico alimentario resistente al horno y las horneamos nuevamente a 110 °C durante 5 horas. Retiramos la fuente del horno y dejamos enfriar las cebollas. Pasamos las cebollas por una estameña, apretando para extraer el máximo de agua posible, y reservamos el líquido obtenido.

LAS CEBOLLITAS

12 cebollitas de platillo
100 g de mantequilla
sal
pimienta
50 g de fondo de ternera

Doramos las cebollitas en una sartén muy caliente. Las envasamos en una bolsa de vacío con la mantequilla, sal, pimienta y el fondo de ternera. Las cocemos en el horno a vapor durante 30 minutos a 85 °C.

MONTAJE

Cortamos las cebollas tibias por la mitad y las separamos por capas. Calentamos los dados de anguila ahumada, previamente salseados con salsa de anguila, con un golpe de horno. En platos soperos, colocamos un par de buenas cucharadas de garbanzos. Encima, las capas de cebolla y las carnes de anguila ahumada. Terminamos el montaje con dos o tres cucharadas de agua de cebollas caliente, unas escamas de sal y un hilo de aceite de oliva.

JARRETE DE CORDERO CON MANZANAS,

ajos compotados y setas

PARA
4 RACIONES

EL JUGO DE CORDERO

2 kg de huesos y recortes de cordero o cabrito

6 litros de agua

4 tomates maduros

2 zanahorias medianas

2 cebolletas

1 cebolla

1 blanco de puerro

1 ramita pequeña de apio

1 cabeza de ajos

1 ramita de romero

300 ml coñac o brandy

100 g de lactosa en polvo

50 ml nata para cocinar

Colocamos los huesos de cabrito en una fuente y los asamos con un poco de aceite hasta que tomen un bonito tono dorado. Añadimos todas las verduras y las hierbas aromáticas, limpias y troceadas menudas. Asamos el conjunto hasta que quede bien dorado y desglasamos la fuente con el licor. Ponemos todo el asado a una olla con el agua y la dejamos cocer a fuego muy suave de 3 a 4 horas. Pasamos el caldo por un chino y lo reducimos hasta obtener una salsa densa. Con la ayuda de un colador fino, espolvoreamos la lactosa en polvo encima de un tapete de cocción formando una capa de grosor homogéneo. Cocemos la lactosa en el horno, sin ventilación, a 180 °C hasta que adquiera un bonito tono caramelo. La sacamos del horno y la dejamos enfriar. Una vez fría, rompemos la lactosa caramelizada y la ponemos en un cazo con la nata. Cocemos la nata a fuego mínimo hasta que la lactosa se funda y obtengamos un tofe, que tendrá el sabor del caramelo pero no será dulce. Añadimos el tofe a 250 ml del fondo de cordero que ya tenemos bien reducido, y le damos un hervor antes de utilizarlo.

LOS JARRETES DE CORDERO

4 jarretes de cordero

4 dientes de ajo

40 g de aceite de oliva

4 ramitas pequeñas de tomillo

4 ramitas pequeñas de romero

sal y pimienta

Pelamos los ajos y los asamos en el aceite partiendo de frío. Cuando estén asados, los retiramos del aceite, que reservamos para saltear las setas. Ponemos cada jarrete bien salpimentado en una bolsa de vacío, añadimos a cada bolsa 50 ml de jugo de cordero, una hojita de romero y una de tomillo. Agregamos un diente de ajo asado y envasamos las piezas al vacío. Escaldamos cada bolsa en agua hirviendo durante 3 segundos para retractilarla, y luego la enfriamos con agua fría. Colocamos las bolsas en un baño de agua a 63 °C, y las mantenemos a esa temperatura durante 24 horas. Pasado este tiempo, cortamos la cocción con agua helada y reservamos las bolsas secas en la nevera.

CREMA DE AJO ASADO

3 cabezas de ajos

1 vaina de vainilla picada fina

30 g de mantequilla

50 ml de consomé o caldo de pollo

Asamos las cabezas de ajos con la mantequilla y la vainilla, envueltas en papel de aluminio, en el horno a 170 °C durante 45 minutos. Una vez asadas y frías, extraemos toda la carne de cada diente de ajo. La mezclamos con el caldo y trabajamos la mezcla con un túrmix hasta conseguir una crema untuosa. Sazonamos la crema con un poco de sal y la reservamos en caliente.

EL ESPUMOSO DE MANZANA A LA SIDRA

(cantidades mínimas para elaborar la receta)
3 manzanas golden
330 ml de agua mineral
100 ml de sidra natural
1,2 g de agar-agar
1,5 hojas de gelatina neutra (3 g)
sal

Preparamos las manzanas como en la receta de la manzana a la sidra (véase pág. 180). Mojamos las manzanas con la sidra y 250 ml de agua y las cocemos en el horno a 170 °C durante unos minutos, de modo que quede bastante jugo y las manzanas se mantengan ligeramente crudas por el centro. Las pelamos en caliente y trituramos el jugo rectificado y la pulpa de las manzanas con un robot de cocina. Remojamos el agar-agar con el agua restante y lo cocemos 5 minutos a fuego moderado. Dejamos enfriar la mezcla hasta que baje a 40 °C y le añadimos la gelatina remojada. Agregamos el jugo de agar-agar y gelatina a la compota de manzana, ponemos la preparación en un sifón de medio litro, colocamos una carga de gas y lo dejamos cuajar durante 2 horas como mínimo.

LAS SETAS

100 g de setas frescas (perrechicos, mocoses, colmenillas, hongos, shiitakes mini, o la variedad más fresca y buena que encontremos)
el aceite de ajo reservado de la preparación de los jarretes

Retiramos el pie terroso a las setas y las limpiamos con un cepillo o un paño húmedo, utilizando la menor cantidad de agua posible. Las salteamos brevemente (el tiempo dependerá del tipo de seta) con el aceite de ajos.

MONTAJE

flores de salvia o romero
sal en escamas

Marcamos los jarretes en una sartén con un poco de aceite de oliva. Una vez marcados, los ponemos en el horno a temperatura media hasta que las piezas alcancen los 63 °C en la parte central. Si la temperatura interior de la pieza supera los 63 °C podemos perder las virtudes de la cocción a baja temperatura. Reducimos el jugo de cordero con las setas salteadas a fuego suave hasta que las setas se guisen un poco y quede una salsa untuosa. Para servir, colocamos los jarretes en platos llanos y los salseamos con la salsa de cordero y setas guisadas. Al lado de la carne colocamos una porción de espumoso de manzana. Acabamos el montaje con una cucharadita de crema de ajos a la vainilla, flores de aromáticos y unas escamas de sal. Si queremos podemos darle un toque aromático al plato con un hilo de aceite macerado.

TATAKI DE VENTRESCA DE ATÚN
con alcachofa asada y macarrones de soja

PARA
6 PERSONAS

LA VENTRESCA DE ATÚN

400 g de ventresca de atún para 6 personas, en un
trozo rectangular de 8 x 4 cm aproximadamente
40 g de sal
500 ml de agua mineral
1 c/s de aceite de oliva

Mezclamos el agua y la sal hasta que esta quede bien
disuelta. Sumergimos los cortes de ventresca en el
agua durante 3 minutos y a continuación los secamos
bien. Pincelamos el atún con un poco de aceite y lo asamos rápidamente por todas sus caras en una barbacoa.
Una vez asadas las piezas, las dejamos reposar unos
minutos en un lugar cálido, con una temperatura de entre 45 y 50 °C. Justo antes de servir el plato cortamos
las piezas en láminas de 0,5 cm de grosor.

LOS MACARRONES DE SOJA

1,3 litros de agua mineral
75 g de bonito seco
un trozo de alga kombu curada en sal o seca de unos
12 x 12 cm
80 ml de salsa de soja
20 g de goma Kappa
nitrógeno líquido

Llevamos el agua con el alga kombu bien limpia a ebullición y la dejamos hervir 1 minuto. Añadimos el bonito
seco para infusionarlo durante 15 minutos y colamos el
caldo. Ponemos el caldo colado en un cazo y le agregamos la salsa de soja y la goma Kappa. Damos un hervor
al caldo y lo retiramos del fuego. Pasamos un kit para
hacer macarrones o unas varillas de acero de 0,5 cm
por el nitrógeno líquido durante unos segundos y las
sumergimos inmediatamente en el caldo de soja y Kappa durante 12 segundos. Sacamos el tubo de soja resultante y lo cortamos como si de macarrones se tratara. Reservamos los macarrones hasta el momento de
utilizarlos en un recipiente hermético.

EL ACEITE DE CITRONELA

500 ml de aceite de oliva suave 0,4 °
5 tallos frescos de citronela

Troceamos la citronela muy fina y la envasamos al vacío
con el aceite. Escaldamos el paquete en agua hirviendo
durante 3 segundos. Enfriamos la bolsa en agua helada
con el fin de retractilarla y que no se deforme durante la
cocción. Infusionamos el aceite con la citronela en un
baño de agua a 70 °C durante 24 horas. Terminada la
cocción, enfriamos la bolsa en agua fría y la reservamos
en la nevera. Este aceite mejora si reposa unos días.

LA CREMA DE ACEITE DE CITRONELA

500 ml de aceite de citronela (elaboración anterior)
350 ml de agua mineral
1,7 g de pectina de manzana en polvo
4 g de goma xantana
1 g de agar-agar
10 g de sal
¼ de hoja de gelatina (0,5 g)

Mezclamos el agua con la sal, la pectina de manzana, el
agar-agar y la xantana y trabajamos el conjunto con un
túrmix hasta que todo esté bien integrado. Cocemos la
mezcla un par de minutos a partir de su ebullición a
fuego rápido. La apartamos del fuego, la vertemos en
un bol y le añadimos el trozo de gelatina previamente
remojado durante 5 minutos en agua fría. Removemos
la mezcla con la ayuda de unas varillas, mientras vamos
incorporando poco a poco el aceite de citronela hasta
que la mezcla lo acepte por completo. La reservamos
en un dispensador de salsas.

LAS ALCACHOFAS SALTEADAS
2 alcachofas
2 c/s de aceite de oliva arbequina
sal

Pulimos las alcachofas y las cocemos de 3 a 5 minutos en agua salada. Las enfriamos en un recipiente con agua y cubitos de hielo. En el momento de servir el plato, las cortamos en cuatro trozos y las salteamos con el aceite hasta que tomen color. Las aliñamos con sal y las pasamos a los platos rápidamente.

LA CREMA DE ALCACHOFAS
6 alcachofas
150 ml de aceite de oliva arbequina
30 ml de agua mineral
sal

Limpiamos las alcachofas dejando los fondos perfectamente pulidos. Los cortamos en cuartos y los colocamos en una bolsa de cocción con la mitad del aceite, el agua y la sal. Los cocemos 15 minutos en agua hirviendo. A continuación los retiramos y los cocemos durante 1 hora al baño maría a 85 °C. Pasamos las alcachofas cocidas por un túrmix con el resto del aceite, e incorporamos más aceite si queremos una textura menos densa.

MONTAJE
cáscara de kumquat
hojas pequeñas de mizuna

Rellenamos 6 u 8 macarrones de soja por plato con la crema de aceite de citronela. Colocamos la pieza de atún asada y cortada en un plato llano, distribuimos a su alrededor los macarrones, las alcachofas salteadas y unas cucharaditas de crema de alcachofa, todo dispuesto de forma elegante. Aliñamos el atún con unas gotas de salsa de soja y un hilo de buen aceite de oliva. Podemos decorar el conjunto con una juliana de cáscara de kumquat o unas hojas pequeñas de mizuna. Servimos rápidamente.

ARROZ DE BOGAVANTE Y FOIE GRAS
con brotes marinos

PARA
5 RACIONES

EL FONDO DE BOGAVANTE

1 kg de cabezas y cáscaras de bogavante,
gamba roja y cigalas

1 kg de morralla de pescados de roca

100 ml de brandy o coñac

2 cebollas de Figueres de buen tamaño

1 cabeza de ajos morados

2 puerros

1 zanahoria de buen tamaño

200 g de apionabo

3 tomates maduros

100 g de pasta de tomate concentrado

3 litros de agua mineral

pimienta blanca

sal

Rehogamos las cabezas y cáscaras de marisco troceadas (sin tostarlas en exceso porque amargarían el caldo), añadimos el brandy o el coñac y lo cocemos hasta que se evapore. Reservamos las cáscaras en otro recipiente. En la misma olla, doramos la cabeza de ajos partida por la mitad y con piel, agregamos la cebolla cortada en *mirepoix* y continuamos rehogando hasta que esta se dore. Agregamos la zanahoria, el apionabo y los puerros también en *mirepoix* y continuamos dorando las verduras un par de minutos. Agregamos los tomates maduros troceados, sazonamos el conjunto con sal y pimienta y seguimos rehogando 5 minutos más. Añadimos el tomate concentrado, removemos, incorporamos las cabezas de marisco que habíamos dorado y la morralla y lo cubrimos todo con el agua. Calentamos la olla hasta que comience a salir espuma, bajamos el fuego y retiramos la espuma con ayuda de una espumadera. Cocemos el caldo a borbotones suaves durante 15 o 20 minutos. Lo tapamos y lo dejamos infusionar una media hora. Colamos el fondo pasándolo por un colador muy fino.

LA SALMORRETA

2 dientes de ajo morado

1 ñora remojada y despepitada

60 g de tomate pelado, despepitado y troceado

15 hojas de perejil

1 g de pimentón de la Vera dulce

0,5 g de pimentón de la Vera picante

Doramos los ajos bien picados en aceite de oliva suave y los retiramos de la sartén. Agregamos la ñora al mismo aceite, dejamos que tomen color y desprendan el aroma y la retiramos. Añadimos el perejil, lo freímos rápidamente y lo retiramos también. Volvemos a poner los ajos en la sartén, agregamos los pimentones y remover rápidamente; añadimos la ñora y luego los tomates y el perejil. Cocemos lentamente como si de un sofrito se tratase, hasta que tenga un color rojo intenso. Lo trituramos con un túrmix, agregando aceite si fuese necesario. Debe quedar una pasta más bien densa y muy sabrosa. La colamos y la envasamos.

EL ARROZ

500 g de arroz bomba o carnaroli

6 chalotas

½ pimiento rojo

200 ml de vino blanco seco

50 g de salmorreta

1 litro de fondo de bogavante (cantidad aproximada)

Pochamos con un poco de aceite las hortalizas picadas muy menudas. Añadimos el arroz y lo salteamos a fuego un poco más fuerte para sellarlo. Añadimos el vino blanco seco y lo dejamos evaporar. Cubrimos el arroz con un poco de fondo de bogavante y agregamos la salmorreta. Cocemos el arroz a fuego medio, añadiendo más caldo a medida que lo necesite. Cuando tengamos el arroz cocido, le agregamos la grasa que haya podido soltar el foie gras y lo amalgamamos como si de un risotto se tratara. Lo dejamos reposar un par de minutos antes de servirlo.

EL FOIE

1 lóbulo grande de foie fresco extra de 350 g

Colocamos el foie en un recipiente con agua fría y un puñado de sal para desangrarlo durante un par de horas. Lo cortamos en raciones de 50 g.

EL BOGAVANTE

1 bogavante de entre 600 y 800 g

Cocemos durante 2 minutos el cuerpo y 4 minutos las pinzas en agua salada. Paramos la cocción rápidamente sumergiendo el bogavante en agua helada. Pelamos el bogavante y lo cortamos en medallones. Reservamos las carnes para terminar el plato y la cabeza y las cáscaras para el fondo.

MONTAJE

1 c/s de aceite de oliva
1 c/s de mantequilla
sal
brotes de salicornia y ramallo de mar
cebollino picado

Doramos las raciones de foie en una sartén bien caliente y las dejamos reposar 5 minutos en un lugar cálido, a 50 °C, reservando toda la grasa que suelten para terminar con ella el arroz. Doramos los medallones de bogavante con un poco de mantequilla, los salamos ligeramente y los reservamos igual que el foie, con la intención de que el bogavante quede apenas un poco cocido pero se mantenga caliente hasta el momento de servirlo. Repartimos el arroz en platos hondos, agregamos el foie asado cortado por la mitad, los medallones de bogavante, los brotes de algas y el cebollino.

NOTA

Podemos elaborar esta receta con otros maricos, como cangrejos, langostinos u otros. Si queremos hacerlo solo con gambas, sencillamente preparamos el caldo con cangrejos y las cabezas de las gambas, y terminamos el plato añadiendo las colas de las gambas al final de la cocción del arroz.

NITROGAZPACHO CON FRESAS ROTAS
y melocotón

PARA
6–8
RACIONES

EL GAZPACHO

500 g de tomates maduros
60 g de cebolla tierna
½ diente de ajo sin el brote
50 g de pimiento rojo
80 g de pepino sin semillas ni piel
50 ml de aceite de oliva virgen extra
30 ml de vinagre de cabernet sauvignon
agua mineral
sal

Cortamos todas las verduras limpias, peladas y sin semillas, salvo los tomates, en dados regulares de pequeño tamaño. Limpiamos los tomates y los cortamos en cuartos sin pelarlos ni retirar las semillas. Mezclamos las verduras con el resto de los ingredientes y las cubrimos con agua mineral. Trituramos la mezcla en un robot de cocina durante 3 minutos a la máxima potencia. Pasamos la preparación por un colador fino para eliminar el resto de semillas y piel de tomate que pueda contener. Rectificamos el aliño si es necesario y dejamos madurar el gazpacho entre 12 y 24 horas en la nevera.

LA REDUCCIÓN Y VINAGRETA CORTADA

65 ml de vinagre de cabernet sauvignon de buena calidad
50 ml de vinagre de Módena
100 ml de aceite de arbequina

Vertemos los dos tipos de vinagre en una bandeja de horno amplia y limpia. Dejamos la bandeja a temperatura ambiente o encima de una estufa sin que llegue a calentarse a más de 30 °C. Transcurridas unas horas, el agua de los vinagres se evaporará y estos se concentrarán hasta formar una reducción densa. Cuando tengamos unos 30 o 40 ml de reducción, la mezclamos con el aceite en un bol, trabajándola con una cuchara sin que el aceite llegue a emulsionarse.

OTROS

1 melocotón maduro
20 fresas medianas de buena calidad
sal en escamas
trébol ácido (Oxalis acetosa)
flores de begonia rojas pequeñas

Montaje Lavamos las frutas y pelamos el melocotón. Cortamos las fresas en cuartos y el melocotón en dados de medio centímetro. Colocamos 8 trozos de fresa y 4 o 5 dados de melocotón en el fondo de unos boles o platos soperos de tamaño mediano.

Helamos la mitad del gazpacho con nitrógeno líquido, para lo cual necesitamos unas varillas y un bol especial para trabajar el nitrógeno líquido. Vertemos el gazpacho en el bol, incorporamos pequeñas cantidades de nitrógeno de forma escalonada y vamos mezclando con las varillas hasta obtener un helado cremoso y denso.

Mientras preparamos el helado, podemos servir un vasito de gazpacho para que nuestros comensales lo prueben sin helar y sin la combinación de frutas. Una vez tengamos el helado, colocamos una buena *quenelle* encima de la fruta cortada, aliñamos el conjunto con la vinagreta cortada y lo terminamos con unas flores de begonia, unos tréboles ácidos y unas escamas de sal.

NOTA

La mayoría de las elaboraciones realizadas con nitrógeno delante del comensal tienen la gran ventaja de helarse muy deprisa, con lo que se evita la oxidación y la pérdida de las virtudes de los productos. En el caso del gazpacho, una preparación que necesita reposar, solo buscaremos la doble cata, es decir, dejar probar el gazpacho en un vasito para inmediatamente servirlo helado y acompañado de unas buenas fresas y melocotón. El nitrógeno es una herramienta que nos ayuda a realizar acciones inmediatas que de otra forma serían imposibles.

HUEVOS CASI ESTRELLADOS CON IBÉRICOS

PARA 6 TAPAS

LOS HUEVOS

6 huevos camperos frescos

Cocemos los huevos en un baño de agua a 63 °C durante 40 minutos. A continuación los enfriamos en agua con hielo, los secamos y los reservamos. Estos huevos se conservan perfectamente de 24 a 48 horas en la nevera. También podemos hacer huevos pasados por agua, pero sustituyendo el agua por un baño de aceite a 200 °C. Para ello, dejamos caer el huevo muy fresco en la fritura, de modo que quede encerrado como una gota y frito por el exterior. Si nos decidimos por esta segunda opción, no necesitaremos la puntilla crujiente.

LA PUNTILLA CRUJIENTE

60 g de clara de huevo
200 ml de aceite de girasol
sal

Batimos la clara y la sazonamos un poco. Ponemos la clara en un biberón para salsas y calentamos el aceite en un cazo a 180 °C. Dejamos caer gotas de clara en el aceite y las freímos hasta que estén doradas. Esta operación la haremos en varias veces para que no se quemen las primeras gotas. Una vez fritas, vamos colocando las gotas de puntilla sobre un papel absorbente para retirar el exceso de grasa. Es importante preparar la puntilla al momento.

LAS PATATAS FRITAS

3 patatas agrias de tamaño medio
60 ml de aceite de oliva suave
sal
pimienta

Lavamos y pelamos las patatas, y las vamos poniendo en agua fría para que no se oxiden. Las cortamos en bastones regulares de 0,5 cm de grosor y las metemos en bolsas de cocción al vacío con un poco de aceite de oliva suave. Cocemos las patatas al horno a vapor durante 15 minutos a 100 °C. Enfriamos las bolsas en agua con hielo y las reservamos.

OTROS

coppa ibérica o lomo ibérico de muy buena calidad
sobrasada elaborada con pimentón de la Vera
aceite de girasol
mezcla de pimentón de la Vera
(3 partes de dulce por 1 parte de picante)
hojitas de rúcula selvática
sal en escamas

Montaje Freímos las patatas en el aceite de girasol y preparamos el huevo: lo atemperamos si lo hemos cocido a baja temperatura o lo freímos si optamos por el baño de aceite. Colocamos las patatas en un lado del plato y el huevo junto a ellas. Encima disponemos unas láminas muy finas de coppa ibérica y dos bolitas de buena sobrasada. Lo espolvoreamos todo ligeramente con el pimentón y lo rociamos con un hilo de aceite de oliva virgen extra. Agregamos 2 hojitas de rúcula y unas escamas de sal. Si el huevo está cocido a baja temperatura, lo cubrimos con una cucharada de puntilla crujiente. Estos huevos son casi estrellados simplemente porque es el propio comensal quien los mezcla a su gusto, pero ofrecen los sabores básicos que encontramos en la receta original.

YAKISOBA DE PANCETA IBÉRICA, SETAS,
langostinos y romero

PARA 6 RACIONES DE DEGUSTACIÓN

LOS TALLARINES
200 g de tallarines japoneses

Cocemos la pasta en agua hirviendo con sal durante 1 minuto y medio. La sumergimos rápidamente en agua con hielo para enfriarla, la dejamos escurrir un poco y la mezclamos con aceite de oliva suave. La reservamos.

LA PANCETA DE CERDO
200 g de panceta de cerdo
15 g de sal
ajo, romero, laurel y pimienta negra en grano
100 g de azúcar
10 g de pimentón de la Vera dulce

Mezclamos la sal, el azúcar y el pimentón y rebozamos la panceta con esta preparación. Dejamos macerar la panceta 24 horas. A continuación, la lavamos y la ponemos en una bolsa de vacío con ajo, romero, laurel, granos de pimienta y aceite de oliva suave. Confitamos la panceta cociéndola en un baño de agua a una temperatura controlada de 64 °C durante 24 horas. Terminada la cocción, enfriamos la bolsa en agua con hielo. Para terminar la receta, sacar la «piel» de la papada y cortamos la carne en cubos de 2 cm.

LOS LANGOSTINOS
6 langostinos frescos de buen tamaño

Pelamos la cola de los langostinos y la cortamos en tres trozos. La aliñamos con unas gotas de aceite y un poco de sal. Reservamos las cabezas para el caldo.

LOS TIRABEQUES
100 g de tirabeques

Cortamos los tirabeques en juliana fina y los reservamos.

EL SÉSAMO CON ROMERO
10 g de sésamo blanco
10 g de sésamo negro
1 ramita de romero fresco

Mezclamos el sésamo y el sésamo negro a partes iguales. Picamos el romero fresco muy fino. Preparamos un aliño con una parte de romero picado y dos de mezcla de sésamo y lo reservamos.

LA SALSA YAKISOBA CASERA
250 ml de salsa Jang for Wok
2 g de aceite de sésamo

OTROS
80 g de rebozuelos, hongos o shiitake frescos cortados en juliana
50 ml de coñac o brandy
aceite
sal
pimienta

EL SALTEADO Y MONTAJE
Salteamos los langostinos y la panceta unos segundos en una sartén tipo wok bien caliente. Lo retiramos todo del fuego y salteamos las setas del mismo modo. Cuando las setas pierdan el agua y tomen un bonito color dorado, agregamos de nuevo la panceta y los langostinos junto con una cucharadita de mezcla de sésamo con romero. Añadimos un buen chorro de brandy o coñac y, en cuanto se haya evaporado, incorporamos primero los tirabeques y, a los 5 o 10 segundos, la pasta cocida. Rociamos el conjunto con un poco de salsa yakisoba al gusto, le damos unas vueltas rápidamente y lo servimos.

ENSALADA DE ANCHOAS, AGUACATE

y tomates en texturas

PARA
6-8
RACIONES

EL AGUA DE TOMATE

1 kg de tomates maduros
sal
pimienta
azúcar

Limpiamos bien los tomates y los cortamos en cuartos. Los trituramos con la ayuda de un túrmix y los pasamos por un colador chino. Colocamos el puré resultante en un saco de filtrado o malla de tela muy limpia y dejamos escurrir el agua de vegetación contenida en el puré. El agua resultante tiene que ser translúcida; como las primeras gotas pueden ser turbias, iremos devolviendo el líquido al saco de filtrado hasta que el agua filtrada salga limpia. Terminado el filtrado, reducimos el líquido obtenido hasta la mitad, lo salpimentamos y le añadimos azúcar.

EL CABELLO DE ÁNGEL DE TOMATE

200 ml de agua de tomate reducida
4 g de gelificante Kappa

Mezclamos el agua de tomate con la Kappa y la llevamos a ebullición. Vertemos el líquido en un recipiente adecuado y lo dejamos enfriar hasta que cuaje. A continuación rallamos la gelatina con un rallador fino para obtener unos filamentos parecidos al cabello de ángel, pero con un sabor intenso a tomate.

LAS LÁMINAS DE CANELÓN DE AGUACATE

2 aguacates

Retiramos, con mucho cuidado de no estropear la carne, la piel y el hueso de los aguacates. Cortamos la carne en láminas de 1 mm de grosor con la ayuda de una mandolina y las colocamos encima de un trozo de plástico alimentario untado con aceite, formando rectángulos del mismo ancho que las placas para canelones pero un poco más largos. Esta operación la realizaremos justo antes de preparar los canelones para evitar que se oxide el aguacate.

LOS TOMATES DESECADOS AL HORNO

400 g de tomates cherry
azúcar
sal
pimienta negra
aceite de oliva arbequina

Escaldamos y pelamos los tomates. Colocamos los tomates en un bol y los aderezamos con azúcar, sal, pimienta negra molida y aceite. Pasamos los tomates aliñados a una bandeja y los secamos en el horno durante 1 hora a 115 °C con un 10 % de humedad y ventilación a baja potencia. Terminada la cocción, reservamos 1 o 2 tomates por ración, y el resto lo utilizamos para el relleno de los canelones.

TERMINAR LOS CANELONES

miga de pan tradicional rústico
tomates desecados
aceite de oliva
sal
pimienta negra

Picamos un poco los tomates con un cuchillo afilado. Desmigamos el pan en trozos de 1 o 2 cm, hasta obtener una cantidad de migas que doble en volumen la de picadillo de tomate. Mezclamos el pan y el tomate suavemente y lo aliñamos con sal, aceite y una vuelta de pimienta negra. Colocamos un par de cucharadas de migas de pan con tomate en el centro de las láminas de aguacate y enrollamos los canelones.

MONTAJE
hojitas y brotes de ensalada
anchoas del Cantábrico o de L'Escala
de muy buena calidad
láminas de pan crujientes tipo *pane carasau*

Colocamos los canelones de tomate en el centro de platos llanos. Añadimos los tomates desecados reservados cortados por la mitad y unas cucharaditas de cabello de ángel de tomate, aliñado con un poco de aceite y sal. Decoramos el plato con hojas pequeñas y brotes de ensalada y, para terminar, repartimos por todo el montaje dos anchoas cortadas por la mitad. Acompañamos estos canelones con pan crujiente muy fino y, al servirlos, les recordamos a nuestros comensales que el sabor de una buena anchoa combinado con el del aguacate y el aceite no tiene nada que envidiar al del mejor jamón ibérico.

MIL Y UNA OSTRAS

OSTRA CON PONZU Y BERGAMOTA

6 OSTRAS

Abrimos las ostras con cuidado y comprobamos que tengan un aspecto y un olor impecables y estén bien llenas. Ante cualquier duda, lo mejor es prevenir y retirar la pieza. Desechamos la primera agua que suelten, y reservamos la segunda. Retiramos los restos de arena o concha que puedan quedar adheridos a la carne de las ostras. El más diminuto trozo de concha puede estropear la degustación de la mejor ostra.

LA BASE DE SOJA LIGERA

200 ml de salsa de soja baja en sal
20 ml de sake
20 ml de agua
30 ml de mirin (vinagre de arroz japonés)

Mezclamos todos los ingredientes, los llevamos a ebullición y los dejamos enfriar.

EL PONZU

200 ml de base de soja ligera
60 ml de zumo de yuzu
0,8 g de goma xantana

Mezclamos todos los ingredientes fríos con la ayuda de un túrmix hasta que la xantana quede bien integrada. Colamos la preparación y la conservamos en la nevera. Esta elaboración se puede guardar 1 o 2 días como máximo.

MONTAJE

1 bergamota

Limpiamos a fondo las conchas y colocamos una ostra en cada una de ellas. Añadimos una pequeña cantidad de la segunda agua que hayan soltado. Aliñamos el conjunto con 5 ml de salsa ponzu y una raspadura de bergamota fresca. Lo servimos sobre una base de hielo picado.

OSTRA TIBIA CON SUQUET DE ERIZOS
y almendras tiernas

PARA
6 PERSONAS

6 OSTRAS

Abrimos las ostras con ayuda de un paño de cocina para evitar que «patinen» y reservamos su agua. Las lavamos con su propia agua colada, que tendremos en un recipiente, para sacar los restos de arena que puedan quedar adheridos.

EL SUQUET DE ERIZOS

1 kg de pescado de roca
200 g de cangrejos de mar
100 g de cabezas de gamba
2 litros de agua mineral
1 cebolla
2 cebolletas
1 ajo
2 zanahorias medianas
1 ramita de apio
4 tomates en dados (solo la pulpa)
100 ml de vino blanco seco
50 ml de brandy o coñac
50 g de salsa de tomate natural concentrada
150 g de yemas de erizo de mar
sal
pimienta blanca

Ponemos las verduras en una marmita baja y las rehogamos lentamente. Al final de la cocción añadimos los dados de tomate y el coñac y cocinamos el conjunto 5 minutos a fuego rápido. Agregamos la salsa de tomate, dejamos la marmita de 5 a 10 minutos más en el fuego y reservamos la preparación. Asamos el pescado limpio en el horno durante 15 minutos a 200 °C. En una marmita ancha y grande, rehogamos las cabezas de gamba junto con los cangrejos. Cuando adquieran un bonito color dorado vertemos encima el vino blanco y lo reducimos por completo. Incorporamos el pescado y el guiso de verduras y lo mojamos todo con el agua. Cocemos la preparación por espacio de ½ hora a partir de la ebullición. Ne-

cesitamos ½ litro de buen jugo de pescado y marisco. Lo trituramos un poco y lo filtramos. Colocamos el jugo resultante en un vaso para túrmix y trituramos el jugo de pescado aún caliente con las yemas de erizo. Rectificamos el punto de sal y reservamos el *suquet*.

EL SALTEADO DE AJOS TIERNOS Y TOMATES

3 ajos tiernos
1 tomate semiseco en aceite de oliva
aceite de oliva

Salteamos el ajo tierno picado con un poco de aceite y el tomate semiseco cortado en dados pequeños. Reservamos la mezcla en un lugar cálido hasta el momento de servir el plato.

EL POLVO DE PICADA

100 g de avellanas tostadas peladas
100 g de almendras tostadas peladas
2 dientes de ajo pelados
5 g de hojas de perejil
20 g de tomate liofilizado o en polvo
30 g de migas de pan crujientes (*véase pág. 97, huevo a baja temperatura*)
aceite de oliva suave (0,4°)
sal fina

Rallamos con un rallador muy fino las avellanas y almendras. Picamos el ajo muy fino y lo freímos en aceite de oliva a unos 170 °C con mucho cuidado de que no se nos queme, pues daría amargor al plato, hasta que esté bien dorado y crujiente. Escurrimos el aceite en papel absorbente. Picamos las hojas de perejil y lo deshidratamos en una mesa caliente o en el horno a unos 50 °C. Mezclamos todas las elaboraciones secas, incluido el tomate en polvo y las migas de pan. Comprobamos que la preparación tenga un sabor equilibrado y la reservamos de la humedad en un recipiente hermético.

EL ROMESCO

½ litro de aceite de oliva
300 g de avellanas tostadas peladas
450 g de almendras tostadas peladas
6 tomates
4 dientes de ajo
100 ml de vinagre balsámico
50 ml de vinagre de Jerez
1 ñora
sal
pimienta negra

Asamos los tomates en el horno sin el nudo, aliñados con sal y un poco de azúcar y aceite, hasta que estén bien hechos. Con la mitad del aceite freímos los ajos laminados, lentamente y partiendo de aceite frío. Cuando los ajos tomen color, añadimos la ñora y la guindilla. Al minuto, incorporamos los frutos secos y el vinagre. Cocinamos el conjunto un par de minutos y agregamos los tomates. Lo dejamos cocer todo 5 minutos más y lo trituramos bien fino añadiendo el aceite restante. Podemos sustituir una pequeña porción del aceite por aceite de avellana tostada o almendra para así potenciar su sabor, según la receta que elaboremos.

MONTAJE

almendras tiernas

Colocamos una pequeña cucharada de salteado de ajetes en conchas de ostra de porcelana. Encima del salteado, disponemos las ostras tibias. Salseamos el conjunto con un buen par de cucharadas de *suquet* de erizos. Para terminar, lo espolvoreamos todo con un poco de polvo de picada, añadimos las almendras tiernas y servimos el plato enseguida.

OSTRA CON MANTEQUILLA SALADA
de plancton, ramallo, manzana verde y vodka

PARA
6 PERSONAS

6 OSTRAS DE BUEN TAMAÑO

Abrimos las ostras con cuidado y revisamos que el aspecto y el olor sean impecables y estén bien llenas. Ante cualquier duda, siempre es mejor prevenir y retirar la pieza. La primera agua que suelten la desechamos; la segunda la reservamos. Limpiamos cualquier resto de arena o concha que pueda quedar adherido a la carne de las ostras, pues arruinaría la degustación.

EL AGUA DE RAMALLO

100 g de ramallo de mar
100 ml de agua mineral

Escaldamos el ramallo en el agua hirviendo durante unos segundos y lo enfriamos en agua helada. Lo trituramos con el agua mineral en un robot de cocina. Colamos el líquido resultante y lo reservamos.

LA MANTEQUILLA DE PLANCTON

300 g de mantequilla en flor
6 g de Glice (glicerina en escamas)
15 g de sal
3 g de Sucro (sucroéster)
200 ml de agua de ramallo
60 g de plancton marino

Mezclamos 200 g de mantequilla pomada, es decir, a temperatura ambiente y trabajada hasta darle la textura de una pomada, con el Glice. Por otro lado, diluimos la sal y el Sucro en el agua de ramallo. Mezclamos las dos elaboraciones anteriores más el resto de la mantequilla pomada y el plancton en un robot montador con varillas. Emulsionamos suavemente la preparación y la reservamos a temperatura ambiente.

LOS DADOS DE MANZANA

1 manzana granny smith
aceite de oliva suave

Cortamos la manzana pelada en dados de 0,5 cm. Colocamos los dados en una bolsa del vacío con un chorrito de aceite de oliva (el justo según la cantidad de manzana), y los envasamos al 100 % de vacío.

MONTAJE

brotes de salicornia o ramallo de mar

Colocamos cada ostra en una concha limpia con tres dados de manzana cubiertos generosamente de mantequilla de plancton pomada. La decoramos con tres brotes de salicornia o ramallo de mar. Rellenamos un espray muy limpio con vodka y en la mesa, delante de nuestros comensales, damos un par de «golpes» de destilado encima de las ostras.

OSTRAS TIBIAS CON CARNES Y JUGO DE PICHÓN
con trompetas de la muerte

PARA
15–20
OSTRAS

EL CARPACCIO DE PICHÓN

1 pichón
sal
pimienta

Deshuesamos el pichón empezando por la parte del espinazo de manera que quede entero. Lo marcamos a la brasa unos segundos por la parte de la piel para darle un toque de sabor a humo, hasta que se dore un poco la piel pero sin que se llegue a cocer la carne. Salpimentamos la parte de las pechugas. Ponemos varias capas de film transparente sobre una tabla. Colocamos encima el pichón con la piel hacia abajo y lo enrollamos envolviéndolo con el film bien apretado. Tiene que quedar un rulo de unos 2 o 3 cm de diámetro, prensado con fuerza. Pinchamos el film para que salga el aire que haya podido quedar atrapado y para eliminar así un poco el jugo sobrante. Congelamos el rollo.

LA SALSA DE PICHÓN

1 kg de recortes y huesos de pichón
4 litros de agua mineral
1 zanahoria mediana
2 cebolletas
1 cebolla
½ blanco de puerro
1 rama pequeña de apio
½ cabeza de ajos
100 ml de coñac, brandy o armañac
200 ml de vino tinto reserva
1 ramillete de hierbas aromáticas
sal y pimienta

Colocamos los huesos y recortes en una fuente de horno donde queden amplios. Los asamos con un poco de aceite hasta que se tuesten bien. Limpiamos y pelamos todas las verduras, las cortamos menudas y las rehoga-

mos con un hilo de aceite hasta que tomen un ligero tono dorado. Añadimos las verduras y las hierbas a las carnes tostadas y asamos el conjunto 5 minutos más. Desglasamos la bandeja con los licores y lo ponemos todo en una olla con el agua. Cocemos el caldo de 3 a 4 horas a fuego suave y lo pasamos por un colador fino. Si utilizamos este jugo como salsa o base para una receta, lo reducimos con una nuez de mantequilla hasta obtener la textura deseada.

LAS TROMPETAS DE LA MUERTE

100 g de trompetas de la muerte secas
1 diente de ajo
aceite de oliva

Hidratamos las trompetas de la muerte y las limpiamos. Picamos una parte de ellas y las ponemos a secar en el armario caliente o secadora. Cuando estén bien secas, las picamos muy finamente y las reservamos. Ponemos el resto de las setas en una bolsa de vacío con el ajo y un poco de aceite de oliva y las cocemos durante 20 minutos a 64 °C.

MONTAJE

Cortamos el rollo de pichón en lonchas muy finas. Llevamos la salsa a ebullición y la reducimos hasta que esté bien untuosa. Le añadimos una mínima cantidad de polvo de trompetas secas. Calentamos ligeramente las ostras en el horno o la salamandra hasta que estén tibias. Ponemos las ostras en una concha de porcelana. Las cubrimos todas con tres rodajas de carpaccio de pichón y lo napamos con la salsa de pichón y trompetas. Cortamos las trompetas cocidas en juliana y la salteamos con sal en escamas. La colocamos encima de la ostra de manera que aporte volumen al plato. Servimos rápidamente.

OSTRA ALIÑADA CON HELADO DE PEPINO,

ralladura de limón, apio y manzana al aceite de arbequina

PARA
6 PERSONAS

LAS OSTRAS

6 ostras de buena calidad y buen tamaño por ración

Abrimos las ostras con cuidado y revisamos que el aspecto y el olor sean impecables y estén bien llenas. Ante cualquier duda, siempre es mejor prevenir y retirar la pieza. La primera agua que suelten la desechamos, pero la segunda sí la podemos servir. Eliminamos los restos de arena o concha que puedan quedar adheridos a la carne de las ostras. Un pequeño trozo de cáscara puede estropear la degustación de la mejor ostra.

LA VINAGRETA

50 ml de vinagre de chardonnay
20 ml de zumo de lima
150 ml de aceite de oliva virgen extra
una pizca de chile piquín
3 g de sal
la ralladura de 1 lima

Mezclamos todos los ingredientes en un bol con la ayuda de unas varillas, batiendo hasta que la vinagreta quede ligeramente ligada.

LA ENSALADA

nervaduras o centro de lechuga romana
pepino
manzana granny smith
cilantro fresco
menta
una pizca de chile de árbol
vinagreta

Cortamos los centros duros de la lechuga romana; pelamos el pepino y le retiramos las semillas con la ayuda de una cuchara pequeña. Con una mandolina, cortamos láminas muy finas de lechuga y pepino. Pelamos y cortamos la manzana en dados de 0,5 cm. Mezclamos la lechuga, el pepino y la manzana en un bol, agregamos el cilantro y la menta picados y aliñamos con el chile y la vinagreta. Servimos la ensalada rápidamente bien fría.

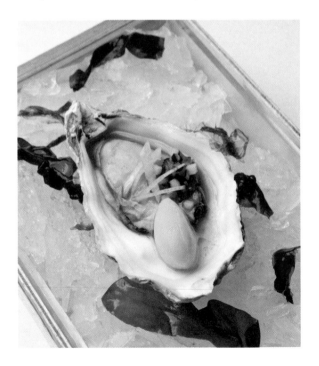

EL SORBETE DE PEPINO, MANZANA Y ACEDERA

1 g de ácido ascórbico
80 g de acedera
1 litro de licuado de pepino
200 g de azúcar
80 g de glucosa líquida
40 g de glicerina
250 ml de zumo limón
ralladura de limón

Lavamos y pasamos los pepinos con piel por una licuadora hasta obtener 1 litro de líquido una vez filtrado. Batimos el agua de pepino con un robot de cocina o túrmix con el ácido ascórbico y la acedera. Cuando la acedera esté bien integrada, añadimos el azúcar, la glucosa líquida, la glicerina, el zumo de limón y la ralladura. Colamos la mezcla y la pasamos por la máquina de hacer helados.

MONTAJE

algas frescas como ramallo o lechuga de mar

Limpiamos bien las conchas y colocamos una ostra en cada una de ellas con una cantidad mínima de la segunda agua que hayan soltado. Aliñamos la ostra con un poco de vinagreta. En un cuenco aparte, ponemos la ensalada y encima el helado de pepino. Montamos sobre un plato llano con algas en la base.

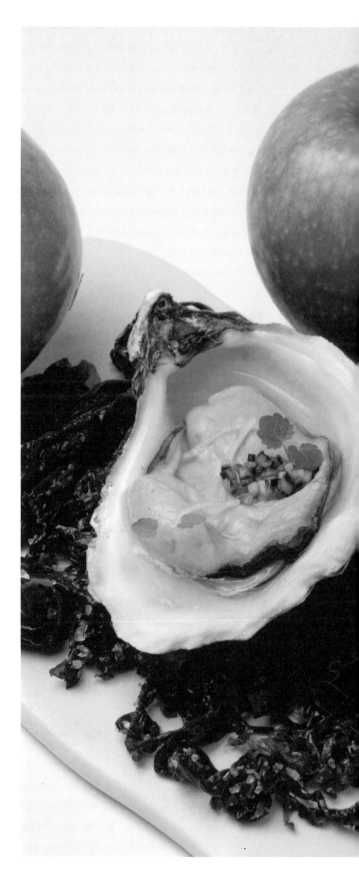

LOS POSTRES

BEGONIA'S PINK PANTHER

EL BIZCOCHO

300 g de clara de huevo
60 g de yogur en polvo
60 g de harina de almendra
70 g de azúcar
20 g de harina
40 ml de jarabe de granadina

Ponemos todos los ingredientes en un robot de cocina y trabajamos la mezcla durante 5 minutos a velocidad media. La colamos y la vertemos en un sifón con dos cargas de gas. Dejamos reposar el sifón un mínimo de 2 horas en la nevera. Para cocer los bizcochos, utilizamos vasos de plástico que puedan soportar una temperatura alta. Con la ayuda de unas tijeras, hacemos tres pequeños cortes en la base de los vasos. Llenamos los vasos con la masa hasta una tercera parte de su capacidad y cocemos los bizcochos en el microondas a 600 W durante 1 minuto. Dejamos enfriar los bizcochos boca abajo hasta que estén totalmente fríos.

EL CREMOSO DE CHOCOLATE

160 ml de nata fresca (65 % MG)
40 g de azúcar
25 g de huevo
1 hoja de gelatina de 2 g
175 g de chocolate blanco

Mezclamos la nata con el azúcar y el huevo. Calentamos la mezcla hasta los 83 °C en un baño maría o en el microondas. Añadimos el chocolate y la hoja de gelatina previamente hidratada durante 5 minutos en agua helada y bien escurrida. Trabajamos la mezcla con una espátula, removiendo con suavidad hasta que el chocolate se funda y la crema quede bien emulsionada y lisa. La reservamos en un recipiente hermético dentro de la nevera durante 2 horas como mínimo.

EL HELADO DE PINK PANTHER

180 ml de nata (65 % MG)
120 g de leche entera
60 g de chocolate blanco
30 g de Procrema o estabilizante para helados
esencia de rosa (cantidad necesaria)
aceite esencial de naranja (cantidad necesaria)

Mezclamos la leche y la nata y las calentamos a 80 °C. Agregamos el chocolate y trabajamos la mezcla con una espátula hasta que el chocolate se integre por completo. Añadimos el estabilizante y las esencias. Dejamos reposar la mezcla y la pasamos por la máquina de hacer helados.

EL YOGUR DE PIELES DE NARANJA

100 g de yogur griego cremoso
25 ml de almíbar TPT
(hecho con partes iguales de agua y azúcar)
1 naranja

Mezclamos el yogur con el almíbar y, con la ayuda de un rallador muy fino, añadimos la cáscara de naranja rallada hasta conseguir un sabor nítido de yogur y al mismo tiempo de cáscara de naranja. Cuando rallemos la cáscara, nunca debemos llegar hasta la parte blanca. Reservamos el yogur en un recipiente hermético en la nevera.

MONTAJE

flores pequeñas de begonia rojas, rosas y blancas
fresas, fresitas del bosque
kumquat

Hacemos dos pequeños trazos de yogur de naranja en un plato llano. Añadimos dos cucharadas pequeñas de cremoso de chocolate y, encima, unos pedazos de bizcocho colocados de forma elegante. Ponemos también unas fresas cortadas en cuartos, unas fresitas del bosque partidas por la mitad y dos o tres láminas de cáscara de kumquat cortadas en juliana. Terminamos el montaje con una buena *quenelle* de helado y unas flores de begonia de diferentes colores.

CREMA DE ARROZ CON LECHE Y COCO
con limón y piña al ron

MÍNIMO
6 PEQUEÑAS
RACIONES

EL ARROZ CON LECHE Y COCO
800 ml de leche
500 ml de leche de coco
100 g de arroz
140 g de azúcar
50 g de mantequilla fría
1 g de sal
50 g de queso mascarpone

Cocemos el arroz con la leche en una cazuela antiadherente a fuego muy lento hasta que la mezcla tome consistencia, sin parar de remover a medida que se va espesando. Añadimos el resto de los ingredientes menos la mantequilla y el mascarpone y seguimos cociendo y removiendo el arroz hasta que adquiera una densidad cremosa. Es importante que el arroz no quede excesivamente espeso, ya que al enfriarse ganará mucho cuerpo. Agregamos la mantequilla y el queso y lo cocemos todo unos minutos más para integrar bien el conjunto. Repartimos la crema en los recipientes donde vayamos a servir el postre y la dejamos enfriar. Cubrimos los recipientes con film trasparente y los reservamos en la nevera durante 12 horas como mínimo.

EL HELADO DE YOGUR Y LIMÓN
435 ml de agua mineral
42 g de dextrosa en polvo
215 g de azúcar
5 g de estabilizante para sorbetes
180 g de yogur griego
300 g de zumo de limón
1 hoja de gelatina (2 g)

Calentamos el agua a 40 °C. Mezclamos los polvos con el agua y aumentamos la temperatura a 83 °C. Retiramos el agua del fuego y añadimos el zumo de limón y la gelatina previamente hidratada durante 5 minutos en agua helada. Dejamos madurar la mezcla 12 horas en la nevera. Incorporamos el yogur griego a la mezcla y pasamos esta por la máquina de hacer helados siguiendo las instrucciones del fabricante. Reservamos el helado en el congelador a -18 °C.

LA PIÑA AL RON
5 ml de ron añejo de buena calidad
50 ml de agua
50 g de azúcar
5 hojas de menta
300 g de piña madura limpia

Hacemos hervir el agua con el azúcar y cuando se haya disuelto el azúcar, la dejamos enfriar. Mezclamos este almíbar frío con el ron. Cortamos la piña en dados de 1 cm. Agregamos los dados de piña al almíbar de ron, lo introducimos todo en una bolsa de vacío junto a las hojas de menta, lo envasamos al vacío y lo reservamos en la nevera durante no menos de 2 horas.

MONTAJE
Sacamos los recipientes con la crema de arroz de la nevera y retiramos el plástico que los cubre. Abrimos la bolsa de vacío con la piña y escurrimos el líquido. En el centro de la crema, colocamos unos dados de piña y, encima, una cucharada de helado de yogur y limón. Servimos el postre inmediatamente.

TORRIJA DE BRIOCHE CON TOFE
y helado de vainilla

PARA
10 RACIONES

LA MASA DE BRIOCHE
260 g de mantequilla pomada
37 g de levadura fresca
675 g de harina de fuerza
150 g de azúcar
13 g de sal
25 g de azúcar invertido
125 g de yema de huevo fresca
135 g de huevo fresco
105 ml de agua

Colocamos la harina en el bol de un robot montador. Ponemos en otro bol la levadura, la sal, el azúcar y el azúcar invertido, y lo trabajamos hasta integrar bien la levadura. Incorporamos el agua fría y mezclamos hasta obtener una masa homogénea. Volcamos la masa en el bol de la harina y trabajamos bien la mezcla con la máquina a velocidad media. Vamos agregando la yema junto al huevo poco a poco, según vaya agarrando la masa, y la seguimos trabajando hasta que quede bien lisa. Por último incorporamos la mantequilla en tandas muy pequeñas, para que la masa la absorba perfectamente. Continuamos el amasado hasta que la masa se separe de las paredes del bol. Terminado el trabajo, colocamos la masa en una fuente, la cubrimos con film transparente y la dejamos reposar en la nevera durante 2 días. Al tercer día, la sacamos de la nevera y la dejamos fermentar a temperatura ambiente hasta que doble su volumen. La colocamos en moldes y la horneamos durante 1 hora a 140 °C, con un 100 % de humedad (punto de cocción interior a 90 °C). Terminada la cocción, la dejamos enfriar por completo antes de cortarla.

EL TOFE DE VAINILLA
100 g de nata
100 g de azúcar
1 vaina de vainilla

Ponemos a hervir la nata con la vaina de vainilla abierta y raspada con la ayuda de un cuchillo afilado. Ponemos en una cazuela el azúcar y hacemos un caramelo en seco. Cuando el caramelo esté en su punto le incorporamos la nata con la vainilla y la dejamos hervir sin parar de remover con la pala hasta que la mezcla adquiera la textura deseada. La dejamos reposar y enfriar, y la reservamos en un bol bien tapado en la nevera.

EL HELADO DE VAINILLA
500 ml de leche
300 ml de nata
75 g de azúcar mascabado
25 g de azúcar blanco
100 g de dextrosa
3 g de estabilizante (para helados de crema)
80 g de yema
15 vainas de vainilla de buena calidad

Mezclamos en un bol, con la ayuda de unas varillas, todos los ingredientes líquidos. Los vertemos en un cazo y los cocemos a fuego medio hasta que alcancen los 40 °C. Incorporamos los ingredientes secos y las yemas y subimos la temperatura de la mezcla a 83 °C. Retiramos la mezcla del fuego y la batimos ligeramente con el túrmix para emulsionarla bien. La tapamos y la dejamos madurar durante 12 horas en la nevera. Al día siguiente la colamos y la removemos con el túrmix de nuevo. Pasamos la preparación por la máquina de hacer helados y la reservamos -18 °C en el congelador.

EL BAÑO DE LAS TORRIJAS

300 ml de leche
300 ml de nata fresca
1 vaina de vainilla

Mezclamos la leche y la nata. Abrimos la vaina de vainilla por la mitad con un cuchillo afilado y le raspamos las semillas. Envasamos al vacío la mezcla de leche y nata con la vainilla y la infusionamos en un baño de agua a 64 °C durante 30 minutos como mínimo. La dejamos enfriar.

LA GALLETA

50 g de mantequilla pomada
50 g de azúcar moreno
50 g de harina de almendra
50 g de harina de trigo

Trabajamos todos los ingredientes en un robot con la pala de amasar, empezando con la mantequilla pomada y el azúcar. Una vez estén mezclados, agregamos las harinas. Estiramos la masa obtenida formando una lámina de 0,5 cm de grosor y la horneamos durante 15 minutos a 160 °C. Una vez fría la masa, la desmenuzamos y la reservamos en un recipiente hermético.

MONTAJE

Cortamos el brioche en rectángulos regulares de 10 x 4 cm. En un recipiente, sumergimos las torrijas en el baño preparado y las reservamos en la nevera un mínimo de 2 horas. En el momento de servir el postre, espolvoreamos las torrijas con azúcar y las asamos en una sartén antiadherente con un poco de mantequilla hasta caramelizarla bien por todos lados. La torrija no solo tiene que estar caramelizada, sino también caliente por dentro. Para terminar, dibujamos un par de lágrimas en los platos llanos con el tofe y colocamos encima las torrijas; al lado, ponemos una cucharada generosa de galleta desmenuzada y, encima de esta, una buena *quenelle* de helado de vainilla.

ESPUMA DE CARRAT BAUMA

LA ESPUMA DE CARRAT

150 ml de nata fresca (30 % MG)
150 ml de leche desnatada
225 g de queso Carrat Bauma
2 hojas de gelatina

Le retiramos la corteza al queso y lo cortamos en dados no muy grandes. Ponemos el queso en un robot de cocina. Calentamos la nata y la leche justo hasta que hiervan y lo vertemos en el robot con el queso y la leche. Trituramos la mezcla hasta que no queden grumos. Añadimos las hojas de gelatina previamente hidratadas durante 5 minutos en agua helada. Introducimos la preparación en un sifón de 1 litro y le añadimos dos cargas de gas. Lo dejamos reposar 2 horas como mínimo.

LAS MANZANAS CARAMELIZADAS A LA SIDRA

3 manzanas golden
100 ml de sidra de buena calidad
100 g de azúcar
10 g de zumo de limón
20 g de mantequilla

Hacemos un caramelo rubio con el azúcar y lo desglasamos con la sidra. Agregamos la mantequilla y el zumo de limón al caramelo y reducimos la mezcla hasta obtener un jarabe ligero. Lo dejamos enfriar. Pelamos, descorazonamos y troceamos las manzanas en dados de 1 cm. Colocamos los dados de manzana con un poco del jarabe preparado en bolsas pequeñas de cocción al vacío y los cocemos en el horno a vapor a 90 °C durante 25 minutos (la manzana debe quedar muy tierna). Si no disponemos de máquina de vacío, podemos asar las manzanas de la forma tradicional, como si hiciéramos una tarta Tatin sin la masa: preparamos el caramelo, salteamos las manzanas brevemente y añadimos el resto de los ingredientes. Cocemos el conjunto a fuego rápido hasta reducir la salsa a caramelo.

LA GALLETA DE PISTACHO

100 g de pistacho en polvo (triturado en un robot de cocina)
90 g de mantequilla pomada
90 g de azúcar
90 g de harina floja
1 g de bicarbonato (opcional)

Mezclamos todos los ingredientes con la mantequilla pomada hasta formar una masa homogénea. Estiramos la masa en una fuente para horno con la ayuda de un rodillo dándole un grosor de entre 3 y 4 mm. Horneamos la galleta a 180 °C unos 5 minutos, hasta que esté cocida pero no demasiado dorada. La dejamos enfriar por completo y la desmenuzamos para obtener un polvo grueso de galleta, que reservamos en un recipiente hermético.

EL HELADO DE MIEL CARAMELIZADA

400 ml de leche entera
300 ml de nata fresca
175 g de miel de calidad
40 g de leche en polvo
80 g de dextrosa
7 g de estabilizante para helados

Ponemos la miel en un cazo amplio y la calentamos a fuego medio hasta que se reduzca y se caramelice. Añadimos la leche y la nata y cocemos la mezcla lo justo para que la leche y la miel se integren bien. Apagamos el fuego y dejamos que la temperatura de la mezcla baje hasta los 85 °C. Agregamos el estabilizante y batimos la mezcla brevemente con un túrmix. Incorporamos el resto de los ingredientes y vertemos la preparación en un bol. La ponemos en la nevera para que madure durante una noche. Pasamos la preparación por la máquina de hacer helados siguiendo las instrucciones del fabricante.

LOS PIÑONES CARAMELIZADOS

50 g de piñones de buena calidad

25 g de azúcar glas

10 g de mantequilla

Tostamos levemente los piñones en el horno a 160 °C unos 4 o 5 minutos. Pasamos los piñones a una sartén y los espolvoreamos con el azúcar. Caramelizamos bien el azúcar a fuego moderado con ligeros movimientos de la sartén. Agregamos la mantequilla, removiendo para que los piñones no se peguen unos a otros. Los colocamos en un papel antiadherente bien separados entre sí. Una vez fríos los reservamos en un recipiente hermético o en un deshidratador a 55 °C.

MONTAJE

brotes de atsina

En el fondo de platos o boles hondos, colocamos unos dados de manzana caramelizada y una cucharada sopera de galleta de pistacho. Encima, una buena cantidad de espuma de queso y una cucharada de helado de miel. Terminamos el montaje con unos piñones caramelizados y, si disponemos de ellas, unas flores de romero o brotes de atsina.

CAFÉ A LA ITALIANA

LA ESPUMA DE CAFÉ

400 ml de nata
100 ml de leche entera
75 g de azúcar
7,5 g de café soluble
1 hoja de gelatina (2 g)

Hidratamos la hoja de gelatina en agua helada. Mezclamos el resto de los ingredientes en un cazo y los hacemos hervir. Añadimos la gelatina hidratada. Pasamos la mezcla por un colador fino y llenamos con ella un sifón con 2 cargas de gas. Dejamos reposar el sifón en la nevera un mínimo de 2 horas.

LOS POSOS DE CAFÉ

100 g de mantequilla
75 g de harina de trigo
125 g de harina de almendra
125 g de azúcar
30 g de cacao en polvo
25 g de café soluble
1 g de sal

Colocamos la mantequilla a temperatura ambiente en un robot de cocina con la pala de amasar. La trabajamos a velocidad media un par de minutos y le agregamos el azúcar, el cacao, la sal y el café. Por último, añadimos las harinas tamizadas. Estriramos la masa entre dos papeles de horno dándole un grosor de 3 mm y la ponemos entre dos bandejas de horno. La horneamos a 170 °C durante unos 15 minuntos, hasta que esté cocida. La retiramos del horno, la dejamos enfriar y la desmenuzamos con cuidado. Reservamos las migas obtenidas en un recipiente hermético.

EL BIZCOCHO A LA VAINILLA

300 g de clara de huevo
300 g de azúcar
180 g de mantequilla
95 g de harina de almendras
135 g de harina de trigo
3 g de levadura en polvo
3 g de semillas de vainilla

Empezamos a montar las claras y, cuando estén semi-montadas, agregamos el azúcar. Seguimos montando hasta que el merengue esté consistente. Añadimos la mantequilla fundida a 40 °C sin trabajar mucho el merengue, solo lo justo para que se integre, después las semillas de vainilla y por último las harinas mezcladas con la levadura y tamizadas. Ponemos la masa en un molde rectangular para bizcochos y la cocemos en el horno a 150 °C durante 25 minutos con un 100 % de humedad. Dejamos enfriar el bizcocho y lo cortamos en dados de 1,5 cm.

MONTAJE

Desmontamos una cafetera clásica de tres partes. En la base de la cafetera ponemos 10 dados de bizcocho a la vainilla. En la parte media, los posos de café, y en la parte de arriba, la espuma de café con un poco de café liofilizado. La cafetera se presenta montada para que el comensal la desmonte y añada los posos y el bizcocho a la parte donde está la espuma, que sirve de recipiente para comer el postre.

COCO, YOGUR, LIMÓN Y ALBAHACA

EL BIZCOCHO DE YOGUR

300 g de clara de huevo
60 g de yogur en polvo
60 g de almendra en polvo
70 g de azúcar
20 g de harina

Trabajamos todos los ingredientes en un robot de cocina hasta obtener una masa lisa. Colamos la masa y la introducimos en un sifón de 500 cc con una carga de gas. Dejamos reposar el sifón durante 2 horas como mínimo. Para cocer los bizcochos utilizamos vasos de plástico que aguanten temperaturas un poco altas. Con la ayuda de unas tijeras, hacemos tres pequeños cortes en la base de los vasos. Llenamos los vasos con la masa hasta una tercera parte de su capacidad y cocemos los bizcochos en el microondas a 600 W durante 1 minuto. Los dejamos enfriar boca abajo hasta que estén totalmente fríos.

EL SORBETE DE ALBAHACA

90 ml de zumo de lima
250 ml de agua
15 g de glicerina
15 g de glucosa atomizada
30 g de azúcar
20 g de hojas de albahaca

Preparamos el sorbete mezclando el agua con el resto de los ingredientes y la albahaca. Calentamos esta base hasta que llegue a una temperatura de 85 °C y después dejamos que se enfríe hasta los 2 °C dejándola reposar 8 horas. Añadimos el resto de los ingredientes y trabajamos la mezcla con un robot de cocina hasta que las hojas de albahaca estén perfectamente integradas. Pasamos la preparación por un colador y luego por la heladora.

LA ESPUMA DE COCO

500 g de pulpa de coco de muy buena calidad
100 ml de almíbar TPT (hecho con partes iguales de agua y azúcar)
50 g de yogur griego
50 g de nata fresca
2 hojas de gelatina de 2 g

Sumergimos las hojas de gelatina en agua helada entre 5 y 10 minutos para hidratarlas. Pasamos el resto de los ingredientes, menos 50 ml de almíbar, por un robot de cocina a la máxima velocidad hasta obtener una mezcla bien integrada. Calentamos los 50 ml restantes de almíbar a 80 °C y le añadimos las hojas de gelatina escurridas. Agregamos el almíbar con gelatina a la base y pasamos esta por un colador fino. Introducimos la base en un sifón con 2 cargas de gas y la dejamos reposar un mínimo de 2 horas en la nevera.

EL YOGUR DE LIMÓN

400 g de yogur griego
90 ml de almíbar TPT (hecho con partes iguales de agua y azúcar)
1 limón

Mezclamos el yogur griego con el almíbar hasta obtener una crema perfectamente homogénea. Con la ayuda de un rallador fino, rallamos la parte superficial del limón encima del yogur, sin llegar a la parte blanca de la cáscara. Añadimos unas gotas de zumo del mismo limón y removemos. Reservamos el yogur en frío hasta el momento de usarlo.

LA MANZANA AL LIMÓN
1 manzana granny smith
50 ml de almíbar (hecho con un 40 % de azúcar y un 60 % de agua)
1 limón

Cortamos la manzana en bastones regulares de 5 mm o dados de 1 cm. La envasamos al vacío con el almíbar y un poco de ralladura de limón. La dejamos reposar unos minutos en la nevera antes de usarla. Esta operación la podemos hacer sin la máquina de vacío, dejando reposar la mezcla en un bote bien cerrado, pero es posible que la manzana no absorba del todo el líquido y se oxide.

LA NIEVE DE COCO
25 g de azúcar de lustre
25 g de coco seco rallado
20 g de maltodextrina
10 g de leche de coco en polvo

Picamos fino el coco seco y le añadimos el resto de los ingredientes. Reservamos la mezcla en un recipiente hermético.

MONTAJE
brotes cítricos y anisados como tomillo limonero y atsina
1 limón

Dibujamos dos trazos elegantes con el yogur de limón en la base del plato. Añadimos 3 trozos de bizcocho de yogur y unos dados de manzana. Colocamos una buena cantidad de espuma de coco y, encima, una *quenelle* generosa de sorbete, y lo cubrimos con un poco de nieve de coco. Terminamos el plato con una ralladura fina de cáscara de limón y unos brotes cítricos y anisados.

CHOCOLATE CON BAILEYS, CAFÉ,
espuma de leche y kumquat

MÍNIMO
10 PEQUEÑOS
POSTRES

EL CREMOSO DE CHOCOLATE Y BAILEYS
400 ml de nata (30 % MG)
150 ml de Baileys
25 g de huevo pasteurizado
40 g de azúcar
200 g de chocolate blanco
2 hojas de gelatina

Remojamos las hojas de gelatina en agua helada. Hacemos hervir la nata con el azúcar y la retiramos del fuego. Vertemos la nata encima del chocolate troceado y removemos suavemente con una espátula. Agregamos la gelatina y finalmente una mezcla hecha con el huevo y el Baileys. Removemos para integrar todos los ingredientes y reservamos la mezcla en la nevera un mínimo de 2 horas para que coja cuerpo.

EL HELADO DE BAILEYS
350 g de chocolate negro (70 % de cacao)
375 ml de nata (18 % MG)
400 ml de agua mineral
350 ml de Baileys
7 g de estabilizante para helados
7 g de dextrosa
20 g de azúcar invertido
20 g de leche en polvo
2 hojas de gelatina

Ponemos todos los líquidos en una cazuela y los calentamos a 40 °C. Añadimos los ingredientes secos, excepto el chocolate y la gelatina (la cual pondremos a hidratar en agua helada) y subimos la temperatura hasta los 83 °C sin dejar de remover. Una vez alcanzada la temperatura apartamos la cazuela del fuego e incorporamos el chocolate y la gelatina remojada. Trabajamos la crema con unas varillas hasta integrar todos los ingredientes y la dejamos madurar 8 horas en la nevera. Pasamos la mezcla por la máquina de hacer helados y la reservamos en un congelador a -18 °C.

EL BIZCOCHO DE CAFÉ
300 g de clara de huevo pasteurizada
15 g de café soluble
60 g de harina de almendras
30 g de azúcar
20 g de harina floja

Mezclamos todos los ingredientes y los trabajamos con la ayuda de un túrmix hasta conseguir una masa lisa. Pasamos la mezcla por un colador fino y la introducimos en un sifón con 2 cargas de gas. Dejamos reposar el sifón durante 2 horas en la nevera. Para cocer los bizcochos, hacemos tres pequeños cortes con una tijera en el fondo de unos vasos de plástico y los llenamos hasta la mitad con la masa de bizcocho. Ponemos los vasos de uno en uno en el microondas a 600 W durante 1 minuto. Al sacarlos del microondas, colocamos los vasos boca abajo hasta que se enfríen los bizcochos. En el momento de terminar la receta, desmoldamos los bizcochos con la ayuda de una puntilla. Cada uno nos servirá para dos platos.

EL STREUSEL CON CACAO
50 g de mantequilla pomada
50 g de azúcar moreno
20 g de harina de almendra
20 g de harina de trigo
10 g de cacao en polvo

Trabajamos en un robot con la pala la mantequilla pomada junto con el azúcar. Una vez estén mezclados, agregamos las harinas. Estiramos la masa obtenida hasta darle un grosor de 3 mm aproximadamente. Horneamos la masa durante 15 minutos a 160 °C. Una vez esté fría, la desmigamos y le añadimos el cacao en polvo. Reservamos el streusel en un recipiente hermético.

LA ESPUMA DE LECHE

150 ml de nata (30 % MG)

150 ml de leche entera

20 g de azúcar

½ hoja de gelatina hidratada

¼ de rama de canela en rama

20 g de cáscara de naranja sin la parte blanca

10 g de cáscara de limón sin la parte blanca

Llevamos a punto de ebullición los líquidos con el azúcar y los demás ingredientes salvo la gelatina. Los retiramos del fuego, los tapamos y los dejamos infusionar durante 30 minutos. Calentamos una pequeña parte de la mezcla a 85 °C y le agregamos la gelatina previamente remojada 5 minutos en agua helada. Vertemos la gelatina fundida a la mezcla y llenamos con ella un sifón con una carga de gas. Dejamos reposar el sifón 2 horas como mínimo en la nevera.

MONTAJE

cáscara de kumquat o naranja

Ponemos unos pedazos irregulares de bizcocho en los platos y espolvoreamos con un poco de streusel de cacao. Añadimos dos pequeñas *quenelles* de cremoso de chocolate y una buena cantidad de espuma de leche. Encima de la espuma, colocamos una cucharada de helado de Baileys y terminamos el montaje con una juliana fina de kumquat o ralladura de naranja.

FOIE GRAS CON PERA, MIGAS DULCES

y saladas, y helado de pera y cardamomo

PARA 6–8
MEDIAS
RACIONES

EL AGUA DE MIEL CARAMELIZADA

25 g de miel de romero
75 ml de agua mineral

Caramelizamos la miel de romero en un cazo a fuego medio. Agregamos el agua y dejamos hervir la mezcla durante unos segundos para asegurar que quede bien homogénea y se reduzca a la mitad. La reservamos.

LA CREMA DE FOIE

100 g de foie gras fresco
30 ml de agua de miel caramelizada
20 g de Pedro Ximénez (previamente calentado
para evaporar el alcohol)
6 g de sal
pimienta

Desmenuzamos el foie y lo emulsionamos en un robot de cocina con el agua de miel caliente y el Pedro Ximénez tibio. Lo sazonamos con sal y pimienta. La textura de la crema resultante tiene que ser parecida a la de la mantequilla. Pasamos la crema por un colador fino y la reservamos en un bol tapado hasta que lo usemos. Es preciso preparar la crema de foie en el momento de usarla.

EL CRUJIENTE DE GALLETA

50 g de harina
50 g de harina de almendra
50 g de mantequilla fresca
50 g de azúcar moreno

Mezclamos todos los ingredientes y los trabajamos bien hasta obtener una masa homogénea. Extendemos la masa en una placa de horno dándole un grosor de 5 mm y la horneamos a 160 °C sin humedad unos 10 minutos o hasta que se dore de manera uniforme. La dejamos enfriar y a continuación la aplastamos ligeramente con un rodillo para desmenuzarla. Reservamos las migas en un recipiente hermético.

LAS MIGAS DE PAN CRUJIENTES

80 g de pan blanco precocinado y congelado
50 g de mantequilla
sal
pimienta

Quitamos la corteza del pan sin descongelarlo con la intención de dejar la miga limpia de cortezas. Cortamos la miga en dados regulares de 3 cm. Trituramos el pan con un robot de cocina hasta reducirlo a migas. Calentamos la mantequilla con un poco de sal y pimienta en un cazo amplio y alto hasta que espume. Agregamos las migas de pan y las freímos removiendo constantemente hasta que adquieran el color deseado. Las retiramos del cazo y las dejamos entre dos hojas de papel de cocina hasta que se enfríen para retirar el exceso de grasa. Las salamos ligeramente y las reservamos en un recipiente hermético.

LAS MIGAS

100 g de migas de pan crujientes
20 g de crujiente de galleta
2 g de sal de vainilla

Mezclamos todos los ingredientes y los reservamos hasta el montaje del plato en un recipiente hermético.

EL HELADO DE PERA Y CARDAMOMO

500 g de peras conferencia maduras
1 g de ácido ascórbico
40 g de azúcar
50 ml de agua mineral
2 semillas de cardamomo, tostadas y molidas
1/4 de vaina de vainilla
50 g de Prosorbet o estabilizante para sorbetes

Hacemos un almíbar con el agua y el azúcar, y le añadimos la vaina de vainilla cortada por la mitad y el cardamomo. Dejamos infusionar la mezcla hasta que se enfríe. Descorazonamos las peras y las vamos colocando en un recipiente con el ácido ascórbico. Las trituramos con un robot de cocina y después las pasamos por un colador fino de malla. Agregamos el almíbar infusionado y el Prosorbet o estabilizante para sorbetes. Removemos la mezcla y la introducimos en un vaso de Pacojet. La ponemos en el congelador a -18 °C durante 24 horas y a continuación la pasamos por la Pacojet. Reservamos el helado a -15 °C hasta el momento de servirlo.

LOS DADOS DE PERA SALTEADOS
1 pera conferencia
1 c/c de azúcar
40 g de mantequilla

Pelamos la pera y le retiramos las semillas. Cortamos la pulpa en dados regulares de 1 cm y los salteamos en una sartén caliente con el azúcar y la mantequilla. Esta operación debe ser rápida, pues no queremos que la fruta quede como para una tarta tatin, así que en cuanto adquiera un ligero tono dorado la pasamos a una fuente fuera del fuego y la dejamos enfriar.

MONTAJE
flores blancas pequeñas
sal en escamas

Colocamos dos o tres cucharaditas de crema de foie y unos dados de pera en el plato, añadimos unos toques de migas crujientes, de crujiente de galleta y una *quenelle* de helado de pera y cardamomo. Terminamos el montaje con unas flores blancas y unas escamas de sal.

LECHE DE CABRA CUAJADA E INFUSIONADA
con cacao, helado de miel, vainilla y piñones tostados

PARA
10 PEQUEÑAS
RACIONES

LA LECHE DE CABRA CUAJADA
1 litro de leche de cabra fresca
100 ml de nata
1 vaina de vainilla
100 g de miel de caserío
5 hojas de gelatina
cuajo natural

Cortamos la vaina de vainilla por la mitad y raspamos el interior con la punta de un cuchillo para separar las semillas. Calentamos la leche junto con la nata, la miel y las semillas de la vainilla (reservamos las vainas para otras preparaciones). Una vez que la mezcla alcance los 60 °C, añadimos la gelatina hidratada durante 10 minutos en agua helada y luego secada con papel absorbente para retirar el exceso de agua. Vertemos la preparación en unos recipientes en los que previamente hemos puesto 3 o 4 gotas de cuajo, y la dejamos reposar hasta que tome cuerpo. Reservamos las cuajadas en la nevera.

LAS PIEDRAS DE CACAO
20 g de harina
27 g de mantequilla de buena calidad
20 g de azúcar
20 g de almendra en polvo
5 g de cacao en polvo
16 g de huevo en polvo
50 g de huevo fresco

Trabajamos la mantequilla hasta darle textura de pomada y le añadimos el huevo. Agregamos el resto de los ingredientes, amasamos y dejamos reposar la mezcla 2 horas en la nevera. A continuación dividimos la masa en pequeñas porciones y les damos forma esférica. Horneamos las bolas durante 4 minutos a 180 °C, las dejamos enfriar y las reservamos en un recipiente hermético.

EL AIRE DE MIEL Y CANELA
400 ml de leche
200 g de miel
300 ml de agua
½ rama de canela
8 g de lecitina de soja en polvo

Calentamos la miel con la canela en un cazo y la cocemos a fuego medio hasta que coja un bonito tono dorado. Añadimos el agua para detener la cocción y dejamos enfriar totalmente la mezcla fuera del fuego. Cuando el agua de miel caramelizada esté fría, retiramos la canela y agregamos la leche y la lecitina de soja. Formamos el aire con la ayuda de un túrmix.

EL HELADO DE MIEL
575 ml de leche entera
150 ml de nata
45 g de leche en polvo
80 g de dextrosa
35 g de azúcar
8 g de estabilizante para helados
80 g de miel de muy buena calidad

Calentamos la leche y la nata a 40 °C. Añadimos los ingredientes secos y seguimos calentando la mezcla hasta que la temperatura llegue a 83 °C. La dejamos enfriar, agregamos la miel y la maduramos en la nevera durante 8 horas. Trabajamos la mezcla en la heladora y reservamos el helado a -18 °C.

MONTAJE
piñones tostados
brotes pequeños de tomillo limonero

Colocamos en el centro de la cuajada las piedras de cacao crujiente y encima una cucharada de helado de miel con piñones tostados en la base. Decoramos el conjunto con unos brotes de tomillo limonero y, para terminar, ponemos, con la ayuda de dos cucharas soperas, una buena cantidad de aire de miel bien emulsionado y seco encima del helado.

TATIN DE MANZANAS, REQUESÓN

y helado de miel

EL HELADO DE MIEL CARAMELIZADA

600 ml de leche
200 ml de nata
40 g de leche en polvo
85 g de dextrosa
35 g de azúcar
7 g de estabilizante
100 g de miel

Ponemos la miel en un cazo y la calentamos hasta caramelizarla ligeramente. Bajamos el fuego al mínimo y desglasamos con la leche. Añadimos el resto de los ingredientes, removemos bien y subimos la temperatura de la mezcla hasta los 85 °C. Dejamos madurar la preparación 8 horas en la nevera y la pasamos después por la máquina de hacer helados. Reservamos el helado a -18 °C.

LA COMPOTA DE MANZANAS

3 manzanas golden
3 manzanas granny smith

Lavamos las manzanas y las partimos por la mitad. Las descorazonamos y las colocamos en un plato con la piel hacia arriba. Las envolvemos con film transparente y las cocemos a temperatura máxima en el microondas unos 5 minutos, hasta que estén muy tiernas. Retiramos la piel y ponemos la carne de las manzanas en un colador fino para que suelte el exceso de agua. Removemos y reservamos.

LA ESPUMA DE REQUESÓN

200 g de requesón de cabra
200 ml de nata fresca
100 ml de leche de cabra
1 hoja de gelatina

Calentamos la nata y la leche mezcladas hasta los 80 °C. Añadimos la hoja de gelatina previamente remojada en agua helada y el requesón. Trabajamos la mezcla con un túrmix y la pasamos por un colador fino. Vertemos esta masa en un sifón con 2 cargas de gas y la dejamos reposar en la nevera un mínimo de 2 horas.

LA GALLETA DE PISTACHO

100 g de pistacho en polvo (triturado en un robot de cocina)
90 g de mantequilla pomada
90 g de azúcar
90 g de harina floja
1 g de bicarbonato (opcional)

Mezclamos todos los ingredientes con la mantequilla pomada para formar una masa homogénea. Estiramos la masa en una fuente para horno con la ayuda de un rodillo hasta darle un grosor de entre 3 y 4 mm. Horneamos esta lámina a 180 °C unos 5 minutos para que quede cocida pero no demasiado dorada. La dejamos enfriar por completo y la desmenuzamos hasta obtener un polvo grueso de galleta. Lo reservamos en un recipiente hermético.

MONTAJE

azúcar glas
50 g de miel liofilizada en polvo o miel de flores

En unos aros rectangulares de acero de 2,5 x 8 cm formamos una base de galleta de pistacho de 3 mm de grosor. Compactamos la galleta y la cubrimos con la compota de manzanas. Espolvoreamos la compota con azúcar glas y la caramelizamos con la ayuda de un soplete. Colocamos las tartas de manzana en platos llanos, y disponemos al lado una buena cantidad de espuma de requesón. Junto a ella, ponemos una cucharadita de galleta y, encima, una buena *quenelle* de helado de miel caramelizada. Terminamos. Disponemos un poco de miel liofilizada en polvo encima de la *quenelle*.

CHEESECAKE DE COCO CON MANGO

y limón helado

PARA
6 RACIONES

EL SORBETE DE LIMÓN
200 ml de agua mineral
20 g de dextrosa en polvo
100 g de azúcar
2,5 g de estabilizante para sorbetes
1,5 g de zumo de limón

Calentamos el agua a 40 °C. Mezclamos los ingredientes en polvo con el agua y calentamos el conjunto a 83 °C. Lo retiramos del fuego y le añadimos el zumo de limón. Dejamos madurar la mezcla 12 horas en la nevera bien tapada. La pasamos por la máquina de hacer helados y reservamos el sorbete en el congelador a -15 °C.

LA CREMA DE COCO
300 g de queso cremoso
300 ml de leche de coco
30 g de azúcar glas
1 ½ hoja de gelatina (2 g)
30 g de leche de coco en polvo

Mezclamos todos los ingredientes, excepto la hoja de gelatina, en un robot montador. Hidratamos la gelatina durante 10 minutos en agua helada. Fundimos la gelatina en un poco de leche de coco y la incorporamos con la ayuda de una espátula a una parte de la crema. Después añadimos esta parte al resto de la crema mezclando bien todo el conjunto con ligeros movimientos envolventes. Reservamos la crema en la nevera hasta el momento de usarla.

LA CREMA DE MANGO
100 g de puré de mango de buena calidad
½ lima
¼ guindilla
10 g de azúcar

Mezclamos todos los ingredientes y los dejamos infusionar en frío durante 12 horas. Colamos la mezcla y la reservamos en un dosificador de salsas en la nevera.

LA GALLETA DE COCO
200 g de mantequilla
200 g de azúcar blanco
200 g de coco seco rallado
200 g de harina de trigo
1 c/s jengibre confitado

Trabajamos la mantequilla hasta que esté pomada, añadimos el azúcar, el coco y la harina y trabajamos bien hasta obtener una masa homogénea. Estiramos la masa entre dos papeles de horno antiadherente dando un grosor a la masa de 3 a 4 mm. Colocamos entre dos bandejas de horno para hornearla a 165 °C 25 min aproximadamente, hasta que coja un color ligeramente dorado a partes iguales. Dejamos enfriar y desmenuzamos hasta formar una arena tosca de galleta. Añadimos daditos de jengibre confitado cortado muy menudo y reservamos en un recipiente hermético.

EL POLVO DE COCO
100 g de azúcar glas
50 g de coco seco en polvo
40 g de maltodextrina
15 g de leche de coco en polvo

Mezclamos todos los ingredientes y los reservamos en un recipiente hermético.

MONTAJE
arándanos
polvo de coco

Repartimos la crema de coco en 6 recipientes hondos y trabajamos la superficie con delicadeza, ayudados de una cuchara, hasta que esté lo más plana posible. Añadimos un poquito de crema de mango y la extendemos por toda la superficie, formando una capa bien fina. Colocamos tres arándanos cortados por la mitad y, encima de estos, unos brotes de atsina. En el centro ponemos una cucharada de galleta de coco con el jengibre confitado y la cubrimos con una cucharada de sorbete de limón. Para terminar, espolvoreamos ligeramente el conjunto con polvo de coco.

HELADO DE MASCARPONE

haciendo referencia a un tiramisú

EL HELADO DE MASCARPONE

2 claras de huevo

3 yemas de huevo

400 g de mascarpone

110 g de azúcar

2 hojas de gelatina

20 g de amaretto Disaronno Originale

En un robot con las varillas, batimos las yemas con la mitad del azúcar hasta que blanqueen. Hidratamos las hojas de gelatina en agua helada y las fundimos en el amaretto a 90 °C. Añadimos la gelatina a las yemas sin dejar de montar y luego el mascarpone en pequeñas cantidades. Reservamos esta primera elaboración en un bol. Batimos las claras con una pizca de sal y, cuando estén firmes, les añadimos poco a poco el resto del azúcar. Incorporamos las claras montadas a la mezcla de yema con la ayuda de una espátula, realizando movimientos envolventes. Congelamos la preparación a –18 °C.

LA CREMA DE ALMENDRAS

200 ml de nata fresca

50 ml de leche

100 ml de almíbar TPT (hecho con partes iguales de azúcar y agua)

10 ml de amaretto

200 g de pasta pura de almendras

Calentamos la nata y la leche hasta que rompan a hervir. Añadimos el resto de los ingredientes y retiramos el cazo del fuego. Removemos hasta que nos quede una crema homogénea.

LA GANACHE DE CAFÉ

150 ml de nata (30 % MG)

50 ml de leche

20 g de huevo pasteurizado

1 hoja de gelatina

150 g de chocolate negro (70 % de cacao)

4 g de café soluble

30 g de azúcar

Calentamos la nata y la leche con el azúcar y el café hasta que alcancen los 85 °C. La vertemos encima del chocolate con el huevo, agregamos la gelatina, previamente hidratada, y removemos la mezcla con una espátula hasta que quede homogénea. La reservamos.

LA ARENA DE GALLETA CHISPEANTE CON CACAO

50 g de mantequilla pomada

50 g de azúcar moreno

50 g de harina de almendra

50 g de harina de trigo

20 g de cacao en polvo

35 g de Peta Zetas neutros

Trabajamos la mantequilla pomada con el azúcar para mezclarlo bien. Agregamos las harinas y seguimos trabajando hasta que todos los ingredientes estén bien integrados. Estiramos la masa en un tapete o un papel de horno hasta formar una lámina de 0,5 cm de grosor, más o menos. Horneamos la masa durante 12 minutos a 150 °C. La sacamos del horno y la dejamos enfriar en un lugar seco. Una vez fría la galleta, la desmigamos, le añadimos el cacao y los Peta Zetas, mezclamos con cuidado y la reservamos en un recipiente hermético, en un lugar fresco y seco.

LA GELATINA DE AMARETTO
150 ml de amaretto
50 ml de agua mineral
1,5 hojas de gelatina (3 g)

Remojamos la gelatina en agua helada durante 10 minutos. Calentamos el agua en un cazo hasta que llegue a los 90 °C y añadimos la gelatina previamente secada con papel de cocina para eliminar el exceso de agua. Apartamos el cazo del fuego y dejamos atemperar un poco la mezcla. Agregamos el amaretto y vertemos la preparación en un recipiente del tamaño necesario para que quede formando una capa de 0,5 cm de altura. Ponemos el recipiente en la nevera hasta que la gelatina cuaje por completo. A continuación, cortamos dados de gelatina de 0,5 cm.

LOS BASTONES DE CACAO
60 g de azúcar
60 ml de agua
20 g de glucosa en polvo
60 g de cacao en polvo

Introducimos todos los ingredientes en un cazo y los llevamos a ebullición. Retiramos el cazo del fuego y removemos bien la mezcla hasta conseguir que quede lisa. La ponemos en una manga. En un tapete o un papel de horno, formamos unos bastones finos de masa con la manga. Horneamos los bastones a 170 °C durante 4 minutos con media ventilación. Lo reservamos apartado de la humedad.

MONTAJE
En cada plato dibujamos dos trazos con la crema de almendras y colocamos dos dados de gelatina de amaretto. En el centro, ponemos una cucharada de arena de galleta de cacao y una buena *quenelle* de helado de mascarpone. Terminamos los platos con dos pequeñas *quenelles* de ganache de café y unos bastones de cacao.

FLAN DE CALABAZA ASADA

con citronela, vainilla y tofe

PARA
6 PERSONAS

LA CARNE DE CALABAZA ASADA

300 g de carne de calabaza violín sin piel ni semillas

30 g de mantequilla fresca

1 tallo de citronela

Colocamos la carne de calabaza cortada en dados de 1 cm sobre un trozo de papel de aluminio junto al resto de los ingredientes y la asamos en el horno a 180 °C durante 30 minutos.

EL FLAN DE CALABAZA

500 ml de leche entera

180 g de carne de calabaza asada

(elaboración anterior)

1,2 g de agar-agar

80 g de azúcar

Mezclamos y trituramos todos los ingredientes con la ayuda un túrmix. Colocamos la preparación en un cazo y la llevamos a ebullición. La dejamos cocer durante 1 minuto para que actúe el agar-agar, que será el que se encargue de hacer cuajar nuestro flan. Introducimos la mezcla en el interior de las calabazas (1 pequeña por persona) que previamente habremos vaciado de semillas y hilos de carne. Dejamos enfriar los flanes en la nevera por completo para así conseguir que cuajen.

LA TIERRA DE CALABAZA

200 g de harina floja

100 g de calabaza asada en puré

115 g de mantequilla pomada

80 g de azúcar

50 g de azúcar mascabado

Mezclamos primero la mantequilla pomada con los azúcares. A continuación añadimos la harina y por último el puré de calabaza asada. Extendemos la masa entre dos hojas de papel siliconado dándole un grosor de unos 5 mm. Retiramos el papel superior y horneamos la lámina a 180 °C hasta que consigamos un bonito color tostado por toda la superficie. La dejamos enfriar y la desmigamos con cuidado. Reservamos las migas en un recipiente hermético para evitar que cojan humedad.

EL TOFE DE VAINILLA

250 g de nata

100 g de azúcar

1 vaina de vainilla

Ponemos a hervir la nata con la vaina de vainilla abierta y raspada con la ayuda de un cuchillo afilado. En una cazuela, hacemos un caramelo en seco con el azúcar. Cuando el caramelo esté en su punto le incorporamos la nata con las vainas y lo dejamos hervir sin parar de mover con la pala hasta que la mezcla adquiera la textura deseada. La dejamos reposar y enfriar, y la reservamos en un bol bien tapado en la nevera.

EL HELADO DE VAINILLA

400 ml de leche

100 ml de nata

40 g de yema de huevo

2 vainas de vainilla

3 g de estabilizante o la cantidad recomendada por el fabricante

80 g de azúcar moreno

Mezclamos los líquidos. Abrimos la vaina de vainilla por la mitad y la raspamos con la punta de un cuchillo. Sumergimos la vaina y sus semillas en el líquido y calentamos el conjunto hasta que alcance los 40 °C. Añadimos el azúcar y subimos la temperatura de la mezcla hasta los 83 °C. Dejamos infusionar la vainilla durante 8 horas. A continuación, pasamos la mezcla por la máquina de hacer helados y la reservamos.

MONTAJE

pipas de calabaza

Colocamos en el centro del flan un poco de tierra de calabaza. Encima de la tierra, ponemos una buena *quenelle* de helado. Acabamos el plato con unas líneas de tofe y las pipas de calabaza, tostadas y ligeramente saladas.

HIGOS EN CONSERVA CON HELADO
de sus hojas

PARA
8-10
PERSONAS

LOS HIGOS EN ALMÍBAR LIGERO ESPECIADO

1 kg de higos o brevas de buena calidad
1 litro de agua mineral
125 g de azúcar de palma
300 g de azúcar blanquilla
1 rama de canela
2 anises estrellados
6 granos de pimienta negra

Mezclamos los azúcares y el agua en un cazo, incorporamos la canela, el anís estrellado y la pimienta picados y llevamos la mezcla a ebullición. Cocemos el almíbar a fuego mínimo un par de minutos y añadimos los higos. Seguimos cociendo 2 minutos más y retiramos el cazo del fuego. Dejamos macerar los higos hasta que el almíbar esté frío y los conservamos en la nevera.

EL HELADO DE HOJAS DE HIGUERA

500 ml de leche entera
150 ml de nata fresca
35 g de leche en polvo
50 g de dextrosa
45 g de miel
45 g de azúcar
3 g de estabilizante para helados
90 g de hoja de higuera

Cortamos las hojas de higuera en tiras de 1 cm. Escaldamos las hojas cortadas tres veces, enfriándolas en agua con hielo nueva cada vez. Escurrimos las hojas y les retiramos la fibra más gruesa para evitar que el helado amargue. Mezclamos la leche con el resto de los ingredientes y la calentamos a fuego medio hasta que alcance los 83 °C. Retiramos la leche del fuego e incorporamos las hojas de higuera. Tapamos el cazo con film transparente y lo ponemos durante 3 horas en la nevera para que la mezcla se infusione. Colamos la preparación y la removemos rápidamente con el túrmix para emulsionarla bien. La dejamos madurar 12 horas en la nevera y la pasamos por la máquina de hacer helados siguiendo las instrucciones del fabricante.

LA GELATINA DE CONSERVA

500 ml del almíbar ligero de conservar los higos
10 g de goma Kappa

Mezclamos ambos ingredientes en frío y los llevamos a ebullición. Retiramos la mezcla del fuego, la vertemos en un recipiente de plástico y dejamos que cuaje. Con un rallador muy fino, rallamos el taco gelificado deslizándolo con cuidado para obtener hilos largos, como si fuera cabello de ángel. Esta operación la realizaremos en el mismo momento de terminar el plato.

LA GALLETA DE HIGOS

50 g de mantequilla pomada
50 g de azúcar moreno
50 g de harina de almendra
50 g de harina de trigo
50 g de higos secos

Trabajamos todos los ingredientes menos los higos en un robot con la pala de amasar, primero la mantequilla pomada con el azúcar y una vez estén bien mezclados, las harinas. Estiramos la masa obtenida formando una lámina de 0,5 cm de grosor aproximadamente. Horneamos la galleta durante 15 minutos a 160 °C. Cuando se haya enfriado, la desmenuzamos bien, le añadimos los higos picados muy menudos y la reservamos en un recipiente hermético.

MONTAJE

cáscara de limón

En el plato colocamos una bonita hoja de higuera, lavada. Encima, uno o dos higos cortados en cuatro, formando un círculo desordenado; sobre los higos, el cabello de ángel de la gelatina de conserva. En el centro del plato, ponemos un poco de galleta de higo y la cubrimos con una buena porción de helado. Terminamos el montaje rallando un poco de cáscara de limón por encima.

BRIOCHE RELLENO DE NATA FRESCA

a la vainilla con texturas de manzanas caramelizadas

PARA MÍNIMO 6 RACIONES

EL BRIOCHE

250 g de harina
125 g de huevo pasteurizado
125 g de mantequilla a temperatura ambiente
10 g de levadura prensada
50 ml de agua
30 g de azúcar
5 g de sal
almíbar TPT
(hecho con partes iguales de agua y azúcar)

Colocamos en la máquina para masas con la espiral la harina, el azúcar y la sal. Amasamos los ingredientes y añadimos en forma de hilo fino el agua tibia mezclada con la levadura. Seguimos agregando el huevo, también en forma de hilo, y acabamos incorporando la mantequilla en trozos pequeños. Pasamos la mezcla a un bol amplio, la tapamos con film transparente y la ponemos en la nevera para que repose durante 24 horas. Hacemos bolas de masa de 18 g, las dejamos fermentar durante 1 hora en un lugar cálido, a 40 °C. Horneamos los brioches a 180 °C durante 6 minutos. Para terminar la receta, abrimos los brioches por la mitad y los empapamos con un poco de almíbar.

LA COMPOTA DE MANZANA A LA SIDRA

100 ml de sidra
35 g de azúcar
150 g de carne de manzana
1 c/s de zumo de limón
2 g de sal
5 g de mantequilla

Caramelizamos el azúcar y le añadimos la sidra y la manzana cortada en dados pequeños. Cocemos el conjunto unos segundos y le agregamos el resto de los ingredientes. Lo dejamos cocer todo un par de minutos más, hasta que el líquido adquiera densidad y la sidra esté casi evaporada. Lo pasamos a un vaso para túrmix y lo trabajamos hasta obtener una compota ligera.

LA ESPUMA DE NATA A LA VAINILLA

300 ml de nata fresca (65 % MG)
80 ml de leche
60 g de azúcar
1 vaina de vainilla
2 hojas de gelatina de 2 g

Calentamos la nata y la leche. Añadimos a la mezcla la vainilla raspada junto con el azúcar y la dejamos infusionar ½ hora más o menos. Calentamos una pequeña parte de la infusión (50 ml) y le agregamos las hojas de gelatina hidratadas durante 5 minutos en agua helada y escurridas. Colamos la infusión y la ponemos en un sifón con 2 cargas de gas.

LA ARENA DE GALLETA

35 g de mantequilla
35 g de azúcar moreno
35 g de harina de almendra
35 g de harina de trigo

Trabajamos todos los ingredientes hasta formar una masa bien integrada. Estiramos la masa en una fuente antiadherente hasta formar una lámina de unos 5 mm de grosor. Horneamos la galleta durante 15 minutos a 180 °C. Una vez cocida, la dejamos enfriar y la aplastamos ligeramente con la ayuda de un rodillo para convertirla en una especie de arena. Reservamos la arena en un recipiente hermético.

LOS BASTONES DE CACAO
60 ml de almíbar TPT
(hecho con partes iguales de agua y azúcar)
30 g de cacao en polvo
10 g de glucosa en polvo

Calentamos el almíbar y le añadimos los demás ingredientes. Mezclamos bien y colocamos la preparación en una manga con una boquilla de 2 mm. Formamos bastones de 10 cm de largo en una placa de horno. Horneamos los bastones a 180 °C durante 5 minutos. Los reservamos en un lugar seco.

EL HELADO DE VAINILLA
400 ml de leche
100 ml de nata
40 g de yema de huevo
2 vainas de vainilla
3 g de estabilizante (o la cantidad recomendada
por el fabricante)
80 g de azúcar moreno

Mezclamos los ingredientes líquidos. Cortamos la vainilla por la mitad y raspamos el interior con la punta de un cuchillo. Agregamos la vaina y las semillas al líquido y lo calentamos todo hasta los 40 °C. Añadimos el azúcar y subimos la temperatura hasta los 83 °C. Dejamos infusionar la vainilla durante 8 horas. Pasamos la preparación obtenida por la máquina de hacer helados y la reservamos.

MONTAJE
Hacemos un trazo con la compota de manzana en el plato y añadimos un poco de arena de galleta. Colocamos al lado el brioche y lo rellenamos con la espuma de vainilla. Acabamos el montaje poniendo una porción de helado de vainilla encima de la galleta y agregando unos bastones de cacao.

ÍNDICE DE INGREDIENTES

ÍNDICE DE TÉCNICAS Y UTENSILIOS

Primera edición: marzo de 2017

© 2017, Jordi Cruz
© 2017, Penguin Random House Grupo Editorial, S. A. U.
Travessera de Gràcia, 47-49. 08021 Barcelona

Printed in Spain – Impreso en España

Fotografías: Joan Llenas
Diseño: Meritxell Mateu/Penguin Random House Grupo Editorial
Maquetación: M. I. Maquetación, S. L.

ISBN: 978-84-16449-89-7
Depósito legal: B-2210-2017

Impreso en Lavel Industria Gráfica, S. A.
Humanes (Madrid)

DO 49897

Penguin
Random House
Grupo Editorial